證悟瑰寶

佛陀與成就大師們的智慧教言

ERIK PEMA KUNSANG
艾瑞克・貝瑪・昆桑——英譯與彙編
普賢法譯小組——中譯

JEWELS OF ENLIGHTENMENT

Wisdom Teachings from the Great Tibetan Masters

「佛陀唯為利益有情眾生而傳授一切教法。
此利益可為人天眾生之暫時安樂，
或為解脫與菩提之永恆安樂。」

——蔣貢工珠・羅卓泰耶（第一世蔣貢工珠仁波切）

目錄

2 中善：正行無緣殊勝 91

3

後善：結行迴向殊勝 239

前言

釋迦牟尼佛珍貴的法教於西元六世紀傳入青康藏高原，並從那時起存續至今。當時因爲有西藏國王的援助，來自遠近各國的佛教導師紛紛被延請入藏。在這些國家之中，又以現今的印度被視爲佛教的發源地。人們常說，由於雪山峻嶺環抱的藏地足履難及，因而使得正統的法教與實修傳承得以保全流傳至今。然而，實際上，其能夠保持如此清淨的另一個主要原因，則是因爲出離心、菩提心、虔敬心和正知見這些佛法根本之道所蘊含的眞誠。

佛陀的教法惠及許多國家，根據不同傳播途徑而有不同的名稱。今日人們將傳到西藏的佛教，稱作「藏傳佛教」。

依照藏人的觀點，正是因爲「一樣米養百樣人」，而要有不同的方法或「車乘」來因應，這些方法主要分爲三大類：小乘、大乘和金剛乘，若硬要說其中一乘較另兩乘更高深或更好，是沒有意義的；更重要的是，該乘是否契合個別行者的當時所需。無論哪一乘，都是爲了幫助行者去除阻礙證悟與解脫的違緣、創造修行善緣，並獲得更多體驗與了悟。

爲了達成以上目的，佛法最常見的方式是找出問題的起因。而此起因歸根究柢，就是我們的無明。因爲無明，我們在情緒與行爲上顯得自私。佛陀所教導的三乘法門，勝過世界上任何我們所能尋得或實現者，因爲這些法教能針對各種情況，在不同層次上給予我們實際可行的方法。若說能幫助我們消除無明與自私的智慧，乃是最有價值的禮物，難道不是嗎？因爲正是無明與自私爲我們帶來這麼多的痛苦，而其對立面，也就是智慧與慈悲，則是創造一切安樂的泉源；它們是最精妙的良藥。

我認爲藏傳佛教的主要特點，在於其廣博的法門與精深的哲理。藏傳佛教大師們強調，三乘無有牴觸、無有矛盾，並鼓勵行者三乘都要理解，如祖古烏金仁波切曾說的「一座一蒲團，三乘俱修持。」

收錄於本書中這些既寶貴又實用的語錄，也本著同樣的精神，試圖展現藏傳佛教博大精深的特質，因爲正是這份特質使得藏傳佛教這幅織錦，成爲世界上越來越多靈性追求者所追隨與修行的法教。我在收編這些語錄時，特別將所有言教以完整的架構串連起來，不僅過去許多偉大上師是以這樣的方式理解法教，我也是這樣學習的。

若是你對藏人的處境感到掛心，這裡有爲何該保存其豐富文化遺產的充份理由。

若是你嚮往西藏的美景，那麼這裡就是其深奧宗教哲理的風景，一如潔白無瑕的雪山，能映射出清淨崇高發心的智悲陽光。

若是你想尋找眞知灼見或生命的意義，這裡有從泱泱證悟滄海汲取出來的甘露滴。

這些語錄無疑是最眞實的瑰寶，其璀燦超越一般世俗的金銀財寶。就讓這些菩提珠璣與你的日常生活交織成串，令其閃耀！

引文

這一系列珍貴語錄，我將它定義爲：使人生更具意義的實用指南。這些針對佛法簡明扼要的闡述，乃是源於我的佛法導師。

在此，請容我多講一些。

通常我們在清晨醒來時，是處在一個茫然的狀態下，似乎還沉浸在睡夢中，忘了自己身在何處。醒來的第一個反應常常是：「我在哪裡？喔，對，我在床上，我剛剛睡了幾個小時，現在精神還不錯。」接著由慣性驅使著我們，開始做起那些日常重覆之事，像往常一樣看待事物，沿著既有的目標和方向前進。接著，我們感到開心、難過、憤怒、執著、沮喪。快樂和不耐煩。我們關心某些事情、不在乎某些事情；我們遭遇難題、心滿意足、放空或累趴、興致勃勃或提不起勁，然後時光飛逝，一天過去，我們累了，再次沉睡。

日復一日，年復一年，這樣的日子不斷飛逝。但也許有一天，我們可能會自問：「生命的意義何在？目的爲何？人生到底是什麼？佛法可以給我一點啓示嗎？且讓我看看這本書在寫些什麼吧！」

是的，沒錯，我在對你說話，此刻手裡拿著這本書的人。你是自己身體的領航員，你是自己人生浪頭的衝浪者，你是駕馭自身念頭、情緒、計劃與記憶的騎士。是掌控自己人生的時候了！現在就專注於生命，看清楚實相吧！

我們無須再去追逐虛幻如海市蜃樓般的綠洲之水，我們可以直接從證悟上師的精闢言論中汲取清澈的高山澗水，好爲我們的人生帶來些許意義。佛陀和許多大師已經圓滿成就一切，並留下能夠使我們獲得安樂、自由與證悟的箴言。這些話語源自佛陀本人，有著行者自身的實證與修持的保證，透過無間斷的傳承來到我們手上。因此，讓我來提供你幾個修行的方法吧！

在你醒過來的那一刻，試著以崇高的想法展開新的一天。在本書裡，你可以找到不少例子。其中，最崇高的想法就是菩提心，讓自己在心裡想著：「願所有生命都能獲得幸福，願他們沒有痛苦，若是他們還能獲得永恆的幸福，那更好！願大家都能獲得解脫，願我能幫助其他眾生獲得證悟。」

感覺如何？當我們爲他人著想時，內心的自私與擔憂，是不是宛如被溫暖朝陽照射過的冰霜，消失得無影無蹤，對吧！

若能以這樣的方式展開新的一天，是不是非常美好？接下來，你值得泡一杯茶或咖啡來獎勵自己。

在上班或上學前，還是可以抽出一些時間修持。即使是五到十分鐘，若能好好運用的話，都會有極大的利益。記得修持時要注意三個重點：初善、中善、後善。

初始要以菩提心、良善的心開始。漸漸地，當你感覺越來越好時，可以加入皈依。皈依和發菩提心是非常好的開始，這兩點爲修行立下了正確的方向。試著想像一下，在你眼前有一整列的人，他們都有著偉大崇高的心，處處爲他人著想，並且都是有智慧、有能力的人。當你爲自己立下了菩提心這個崇高的氣度時，你也邁出了一大步，加入了這列隊伍，成爲佛陀的同行者。感覺如何？

接下來是正行。漫長的一天，總會有起伏與挑戰，保持頭腦清楚是必要的。此刻正是保持安靜片刻的好時機。在這一小段時間裡，什麼事情也不要做——就只是坐著。你可以保持安定放鬆，也可以清楚觀看，讓內心不受外界干擾，但仍須保持警覺與留意。我們可以讓內心保持穩定，又同時對外界回應與維持和善。

如果可以的話，利用此刻，或者在一天當中任何時候都可以，就只是坐著。本書介紹了許多如何單純安住的方法。若能做到，就是一個極佳的正行。

最後，我們來到殊勝的結行。讓我們再次許下崇高的願望：「願此座修行對他人有益，我願意盡己所能，追隨往昔大德獲致證悟與利益眾生的腳步。」

只要遵循此三善法，你會發現即使是短暫的修行，也能意味深長如大海般，我們的人生將變得更有意義。你會發現依循此修行之道的成果將整天如影隨形；它會在你意想不到的情況下出現。在剛開始修行時，你無須要求完美——只須盡力而為就好。

我們能夠盡力而為。我們能夠不去傷害他人。我們可以把握機會做個有益的人。我們可以掌控自私的韁繩，不讓其恣意狂奔。我們也可以花時間讓自己看清楚；沒錯，我們有時間的。

一日終了，在準備躺下入睡時，最好的方法就是生起崇高的想法，而最崇高的想法依然是菩提心。

本書所引用的教言均不離此三善法的架構。祈願我們也能以此作爲人生的架構！

在本書中有許多我們能學習的東西；但無論我們讀了多少書，佛法修行總是還有更多需要學習的。請記住，無論你讀了多少游泳教學的書籍，總是比不上親身潛入水中來得全然與暢快。因此，在淺酌佛法的甘味後，若是感到求知若渴，建議你尋找一位眞實導師。正如過去所有成就者所發現的，直接從認識我們、具有實際體驗的人獲得專屬建議，遠遠勝過讀完最大圖書館中所收藏的所有書籍。

在我短暫的一生當中，有幸能在當今現存傳承的導師座下領受佛陀法教，這些導師的珍貴與重要性有如黃金鎖鏈般環扣著。在此請容我提及幾位對我而言最重要的上師之名——頂果欽哲仁波切、祖古烏金仁波切，其心子確吉尼瑪仁波切與祖古貝瑪旺嘉。上師之恩德，我永懷感激，今生無以爲報。

虛心求教之緣由

入道，必先聞法，才能了知輪迴過患與涅槃功德而做出正確抉擇。

修心，必先聞法，才能避免行事愚痴。

日修，必先聞法，才能使修行穩固，日有所長。

要讓心相續完全解脫，也必先聞法，才能斷除一切分別妄念。

從修行的第一步起，直至終點爲止，務必仰賴比自己更好的人，如此才能使自心朝向往昔諸德所行之法道前進，並提升自身的體驗與了悟層次。

至於那些只滿足於知道「一點點」且故步自封的人，無論有何領悟，都無法走到法道的盡頭。即使人在山林隱居專事修行，也不會注意到自身有何偏差或迷妄。外表或許看來像個修行人，內心卻是一點增長也沒有。

——龍欽冉江

1

初善：前行發心殊勝

皈依

皈依諸佛、正法與聖僧，
直至獲得證悟方休止。
並藉所修布施等福德①，
願爲利益眾生而成佛。

——藏傳佛教傳統皈依文

編按：○為原註；●為譯註；●為審校註。

①此處指布施、持戒、安忍、精進、禪定與智慧此六度波羅蜜。

三轉法輪

為了保護初入道者的心，使其避免落入世俗二元分別的煩惱執著，佛陀首先宣說四聖諦，告訴我們哪些須奉行、哪些須規避，並針對其過患與對治法一一詳加說明。接下來，佛陀再轉法輪，講述無性相（空性），好讓我們能放下對任何對治法的執著。最後，佛陀闡揚本初自性的法教，這次轉法輪為我們全然揭示了究竟之義。

——龍欽冉江尊者

務實之道

了悟諸法教皆無牴觸，
體證諸宗義奉為圭臬。

——噶當派早期祖師

正法

能袪除諸苦與蓋障者，謂之正法。

——第一世蔣貢·工珠仁波切

三善法

以發菩提心這個善妙前行，做爲你的修行起始，此菩提心包含了世俗菩提心和勝義菩提心。接著，以沒有任何分別概念的生起次第與圓滿次第做爲正行❶。最後以福德迴向及利他願心做爲結行。如此一來，你就是在一座間結合經部與續部而修。任何修行，只要遵循此三善法，就是正確的修行，反之，任何缺乏三善法的修行，都不算圓滿。因此，務必要以發菩提心做爲前行，離於諸概念爲正行，並以福德迴向做爲結行。

——祖古．烏金仁波切

❶分別概念為有主體、客體與行為之區分，稱為「三輪」。

菩薩戒

願如往昔勝者之所行，༔
致力令眾究竟得佛果：༔
度脫未得度者至彼岸。༔
安置眾生涅槃定無疑。༔

——蓮花生大士

淨戒

速證無散亂三摩地，
乃清淨持戒之果也。

——釋迦牟尼佛《月燈三昧經》

一座中修三乘

有些人說自己是大乘佛教或金剛乘的修行者；有些人則說自己只修上座部，其他什麼都不知道。說出這樣的言論，只會凸顯此人的無知。三乘法教不應該分開來看，而是可以同時修持。事實上，爲了建立穩固的根基，的確必須如此。要是沒有做好轉心四思量與皈依，就沒有辦法和佛法有眞正的連結。就好像，如果你想要喝茶，就必須先要有個可以放茶杯的地方；你需要有桌子，而聲聞乘或小乘所建立的基礎就像這張桌子。接下來，你還需要有杯子來裝茶，這就是大乘的態度。最後你還得要有茶，否則就沒有東西可以喝，而你**的確**要喝進東西，金剛乘法教就像這茶杯中的液體。

同理，爲了證悟，我們首先要和三寶有所連結。皈依就是將自己託付給三寶，這是屬於小乘佛教的教理。接著，當我們所有的母親都還在輪迴當中流轉，若只有我們自己一人得證，那有什麼用呢？這簡直厚顏無恥。有人說小乘佛教的目標就像牛腳印下的水漥般渺小，而大乘佛教的態度就像整片的海洋般寬闊——大家都要證悟，不是只有我們自己。第三，要是沒有金剛乘那些本尊、咒語和三摩地等極深奧的哲理，我們就沒有辦法在此生獲得證悟。因此，小乘、大乘和金剛乘這三乘法教都要學習。說自己是比較高階的行者，而不需要學習比較「低階」或「初階」的法教，一點意義都沒有，而且這種態度是非常不切實際的。

——祖古．烏金仁波切《再捻佛語妙花》

菩提心

菩提心是指爲了將一切有情眾生安置於佛果，
而誓願自己先成就正等正覺的發心。

——第一世蔣貢．工珠仁波切

初語

猶如甘露妙法吾已得，（我發現了一個有如甘露般的眞理，）
深寂離戲光明亦無爲，（深奧、寂靜、純然、明晰且無形。）
說示於他唯恐無以知，（無論我向誰說明，都無人可理解；）
吾當無語獨然林間住。（因此我將繼續在山林中保持緘默。）

——釋迦牟尼佛證悟後所宣說的第一段話

基、道、果

本初基就是我們的佛性，是每個有情眾生都具有的諸佛法身，它比任何純淨、無垢的黃金都還要高貴，毫無任何瑕疵。那麼，佛性是如何展現於每一個人之中呢？舉例而言，就像芥菜籽裡的油，芥菜籽只要經過壓榨，就能產出油。同樣的，一切有情眾生都跟諸佛菩薩一樣，無一例外地都具有成佛的體性，也就是佛性，任何生命，即使是最微小的昆蟲，無論其大小、性質，皆具有佛性。

佛性遍及所有輪迴與涅槃。虛空則沒有任何的中心點或邊際。凡一切虛空所及之處，皆有眾生，而只要有眾生，就有佛性。這就是佛性遍及一切輪迴與涅槃、所有大千世界、所有生命的道理。

雖說我們每個人都有佛性，但我們卻沒有認出它來。無明是造成我們仍在輪迴中流轉的主要原因。有情眾生因爲不了解本身的自性，而陷入迷妄；就像黃金落入泥沼，只是受到暫時的染污。諸佛並未陷入迷妄，而是一直在其「本來的位置」。諸佛與有情眾生的差別即在於，是否了知其與生俱來的自性。

話說回來，黃金就是黃金，但當它落入泥沼時，會被污泥所覆蓋而無法辨認，而被污泥所覆蓋的黃金，就像有情眾生不能認出自己的自性一樣。所有的有情眾生都是佛，只是因爲一時的遮障，而沒有領悟到這點。「基」就好比是黃金，而「道」就是金子落入污泥中，被染垢所覆蓋。在此情況下，道是指迷妄的狀態。

佛果，是一切覺醒者的證悟境界，覺者能夠認知到「基」的狀態即是純金，而不會落入迷妄之途。反觀我們，則因爲迷妄力的牽引，誤入了黃金暫時被污泥所覆蓋的「道」之狀態。我們暫時受制於迷妄力，且因無明的沉睡而經歷著三界夢境，一次又一次在六道輪迴中投生，永無止盡地一再投生。

——祖古・烏金仁波切

覺者法教特有的四法印

凡依因緣而起的事物，皆無常也。
凡有染污的狀態②，皆痛苦也。
所有現象都是空，無主體也。
唯有涅槃，乃寂靜也。

——釋迦牟尼佛

——未來追隨者應當以此特徵作爲辨別法教是否眞實的依據

②「染污的狀態」（tainted state，有漏）：指盲目執著於有個「自我」主體所致的體驗，為一切煩惱生起的基礎。

無常

積累必耗損。
高昇終墜落，
相聚盡於散。
有生終有死。

——佛教早期經典《法句經》

死亡

若無其事地想著：「我今天不會死」，
這一點都不合理。
因爲毫無疑問的，
你也要離世的那一天，肯定會來到。

——寂天菩薩

轉心四思量

無論從原因、出身、數量或比喻的角度來思惟觀察，能獲得暇滿人身的果報，都是極爲難得的一件事！當你認知到此關鍵要點後，務必專注修持能引領你至永恆安樂的正法。

然而，此福報不會長久，它猶如空中閃電一樣稍縱即逝；就像泡沫一樣，不知何時會消失、何時會改變。外境會突然地改變，人們就連要保證自己今晚不會死亡，也一點把握都沒有。因此，切勿推延你的佛法修持，要下定決心從此刻開始就要修行。

死亡來臨時，不用說，你的一切食物、金錢、財富、親人、朋友或權勢等等，甚至是自己的身體都無法帶走。離開人世間，簡單地就像將頭髮從奶油中拔出一樣容易；你所能帶走的就只有自己的業力。凡是做過的惡行都無法拋下，若沒做過的善行也無法帶走。一切所爲的業行都不會自行消散，尚未耕耘的也無法收割。因此，要投生至善趣或惡趣，完全取決於自身的業力，而非個人意願。

試想，如果投生至下三道，會如何？你無法保證自己不會投生到哪裡，不是嗎？因此，從現在開始，即使是以生命作爲代價，也不要犯下任何惡行，要盡力培養善德。如此思惟，並下定決心：「爲了來生的利益，我將視因果定律爲取捨之道，正確無誤地修行佛法！」

凡是經由業力投生至輪迴的任何一處，都脫離不了經歷三種必然的痛苦，更不用說身處在下三道的眾生，他們的處境極爲悲慘，光是想像他們所經歷的，就足以讓人感到不舒服。然而，即使是因善緣而投生至令人欣喜的境界，所有看似悅意的事物也會像一夜好夢醒來那般，無端消失或改變。

輪迴當中的一切成功與失敗、歡樂與悲傷，都只是交相輪替；沒有任何東西是永垂不朽的。快樂與財富無論有多麼美妙，一味追求都是徒勞無功的。因此，除了正法以外的活動，都是無義利的行爲，無法引領你超脫痛苦的輪轉。基於此，該當修持對來生眞正有益的法教，亦即能解脫三界輪迴的殊勝佛法。

如此思惟，並在內心生起想要脫離三界輪迴的強烈願望。

——蔣貢・米滂仁波切

實相

不論如來是否出興於世，
諸法自性依然為其本性。

——釋迦牟尼佛《解深密經》③❷

③《解深密經》為釋迦牟尼佛第三轉法輪所講述之內容，以闡述佛性與勝義實相為主。
❷本段見於該經第二〈勝義諦相品〉，大唐三藏法師玄奘譯：「如來出世、若不出世，諸法法性安立」。該經卷收錄於大正藏經集部。

岡波巴四法

祈請加持讓我心依循佛法，
祈請加持讓修持成為法道，
祈請加持令法道清除迷妄，
祈請加持令迷妄顯為智慧。

——岡波巴大師

聞與修

不聞而修，有如瘸子攀登高山。
聞而不修，有如盲人迷失曠原。

——口述傳統

聞法

未以聞學諸處來修心，
欲達遍智將遠甚登天。
諸佛佛子知此而明示，
應當廣學諸智慧範疇。

——薩迦班智達

禮敬說法上師

淨信虔敬而聞法，
絕不毀謗施予者。
禮敬爲眾說法者，
視若眞佛而恭敬。

——釋迦牟尼佛《大乘大集地藏十輪經》

善知識

吾友！

證悟菩提前，需要上師，故當依止無上善知識！

識得自性前，需要聞法，故當聽從上師之教言！

——阿底峽尊者

真實上師之重要性

應當了知諸菩薩證得遍智之方法，
無疑乃是依止眞實善知識之結果。

——文殊菩薩對善財童子所說，
語出《樹王莊嚴經》

諍世之上師

諍世上師具德也具患，
無人能保絕不犯惡行。
弟子應當審慎檢視之，
依止德相眾多之上師。

——香巴拉王國第二位家系持有王「白蓮花」❸

❸家系持有者（Rigden），本初善的具體展現者；傳說中的香巴拉王國，有廿五位覺悟君主，稱為「利格登王」。以上說明出自：「香巴拉佛教的名相簡介」網頁。

金剛上師與弟子

大體上，你應該依止如此之人：

飽學金剛乘之一切續部者；

能辨別各類的哲理見地者；

領受無間斷傳承灌頂續流而臻成熟者；

持守灌頂三昧耶與誓戒而沒有牴觸者；

因鮮少煩惱與念頭而顯得寂靜祥和者；

理解密咒乘基、道、果之完整密意者；

親見本尊且於持咒具成就徵兆者；

因了悟自性而得自在者；

能以大悲力令他人心相續成熟者；

對此生毫無戀棧而棄絕一切世間俗務者；

著眼於來世而一心向法者；

因見輪迴痛苦而內心厭患，並能激勵他人作如是想者；

珍視弟子，並能以善巧法門依個別需求調伏者；

因實踐上師教示而持有傳承加持力者。

擁有以下德相之弟子，乃為堪受法教之器：

對上師及其口頭言教心生歡喜，並顯現深切興趣者；

具有欲信和信解信，並擁有能領受加持之正因的淨信者；

能以絕不輕易拖延或懈怠之堅韌決心來成就無上法者；

能輕易領會自性爲甚深含義者；

對世間衣食財富享樂極少執著者；

對上師及殊勝本尊展現高度恭敬而能領受加持者；

能遣除密咒道上之疑惑而付諸甚深修行者；

能遠離貪瞋痴等世俗散亂者；
絕不違犯三昧耶的根本及支分戒者；
於甚深修行法道孜孜不倦且勇猛精進者；
從不違犯上師言教者。

——第二世慈克・秋林仁波切

獻曼達

大地塗香敷佈妙花遍，
須彌四洲日月爲莊嚴。
觀爲佛剎我今作供養，
普願眾生受用此淨土。

——於藏地豎立法幢之君，赤松·德贊王

皈依

十方一切佛陀尊，
於此人中最勝處，
我與無盡有情眾，
直至菩提永皈依。

十方離貪之正法，
於此寂靜最勝處，
我與無盡有情眾，
直至菩提永皈依。

十方不還之聖僧，
於此眾會最勝處，
我與無盡有情眾，
直至菩提永皈依。

——蓮花生大士

金剛乘法道

資糧有兩種：具「概念」分別的**福德資糧**，與「無概念」分別的**智慧資糧**。要累積具分別的福德資糧，可以透過加行等前行修持而獲得。要累積無分別的智慧資糧，則是透過讓心持續安住在本然狀態的三摩地中。積聚這兩種資糧，能幫助我們培養兩種無上智，也就是**照見一切存有之智**（盡所有智），以及**照見真如自性之智**（如所有智）。培養這兩種無上智，則能幫助我們證得二身，亦即：**法身**與**色身**。色身是「有相之身」，包含以虹光顯現之報身和有血肉身軀之化身。以上大致說明了金剛乘的修行法道。

人們說金剛乘是通往證悟的迅捷之道，這是因爲它將方便與智慧、生起次第與圓滿次第結合所致。金剛乘的修行藉由結合本尊觀想與認出自心本性，而成爲一條迅捷之道。透過金剛乘的訓練，修行者得以了悟萬法的眞如，也就是一切顯相與存有皆爲佛之壇城。這也是儀軌修持的訓練要點。

——祖古．烏金仁波切

前行修持

已獲殊勝暇滿人身，並對無常感到疲厭，༔

且以強烈出離之心，依止因果而作取捨，༔

如此具足信心悲心，༔

而願此生證得共與不共悉地之人，༔

應當以灌頂使相續成熟，༔

並以全然清淨三昧耶領受法道之根本——皈依༔

且生起法道之精藏，即二菩提心。༔

密乘究竟道上一切惡行、蓋障等阻礙生起覺受與了悟之違緣，༔

皆以甚深金剛薩埵法門加以淨化。༔

則當供養廣如大海之三身曼達，以積聚福慧二資糧。༔

爲了圓滿善緣，༔

尤其應修持一切法道之關鍵——༔

虔敬上師瑜伽。

——蓮花生大士

化繁為簡而契入修行精髓

所有教法之中，最究竟的便是空性，而其精藏乃是大悲心。此空性大悲藏有如靈丹妙藥，是能治癒世上各種疾病的特效藥。了悟實相自性乃空性真諦，也如這般的靈丹妙藥一樣，能對治所有的煩惱。

——阿底峽尊者

薈供歌

善願所緣如意業樹上，
印度東土孔雀童子臨。
展開尾屏轉向聖法教，
吾等童子亦步解脫道。

福德所造春后車輿上，
不丹南林婉轉杜鵑至。
甜美歌聲勝天女笛音，
怡夏吉兆捎來予吾等。

業願相順金剛同修聚，

吾等上師蒞臨正法會。
成熟解脫甘露飲盛宴，
吾人高唱歡喜殊妙曲。

於此不變大樂集會中，
無修亦見本尊上師容。
祈藉空行心要明覺乘，
得證虹光法身之悉地。

——吉美．林巴尊者

向我執說再見

迷妄的基礎為「我執」，而「我執」就是堅持有「我」的概念。迷妄之所以產生，是因為不能了知諸法自性為空且無實。迷妄的另一個基礎，則是未能認出諸法的光明自性。若能了悟「我」之無實，並將我執的箝制思想鬆綁，便能自然而然地了解到其他事物同樣為空，同樣缺乏本體。因此，二轉法輪比初轉法輪的教導更為深奧：不僅心為無實，諸法自性亦為空。若是不能了知諸法自性為空，就會產生無明與錯亂。同理，相較於二轉法輪，三轉法輪的教導又更為深奧；也就是，不僅諸法自性為空且無為（非造作而來），它同時是具足廣大功德的清淨狀態。

當我們聽聞佛陀如此描述諸法實相時，也許能領悟一些道理，並發自內心說「啊！是這樣沒錯」，並進而獲得一點信心。佛法，尤其是竅訣，總是能一針見血，清楚指出謬誤，並提供解決之道。

我們或許會研讀佛法，或許會思惟佛法或反觀省思，但最重要的是必須付諸實修，讓自己進入「無修乃最上修」的狀態，而且越快越好。不要老是想著「我晚一點再做」，這種態度將使你永遠都無法達成。時間分分秒秒都在消逝，它從不等人。你必須讓自己達到究竟的修持，而所謂究竟的修持就是保持在無散亂之無修中，如此才能斷除錯亂的根源，全然且永遠地摧毀一切業力、煩惱與習氣。

剛開始，我們需要一些方法、技巧來引導我們走向究竟之道。最佳的方法當然是無勤作，但是無勤作沒辦法透過教導或苦求而得。即使我們去嘗試——特別是去嘗試時——也無法自動使我們的修行成爲無勤作。儘管無勤作的狀態不會自然出現，但可以確定的是，只要我們將心安住於非二元分別的狀態，錯亂的體驗就會在當下分崩離析。現在對我們大多數人來說，日常的體驗仍時時刻刻都受到各種條件的主宰，且目前的習慣都是來自刻意的努力。因此我們別無選擇，只能利用這個刻意努力的習慣，來達成無勤作的境界。一旦對有勤作的禪修有所串習時，將能一躍而入無勤作的境界。

——確吉・尼瑪仁波切《當下了然智慧》

金剛上師

措嘉佛母問上師：「師尊，進入密咒（金剛乘）法教之門後，上師與師長乃首要之關鍵。請教弟子該當追隨有何德相之師？」

上師答曰：「上師與師長至關重要。上師之德相應爲：已調伏自心、擁諸多口訣、博學多聞且專精於修持和禪定，心意穩固、善於調轉他人之心，具大智力、懷利他悲心，並虔誠篤信佛法。若能跟隨此等上師，猶如尋獲滿願之寶，一切所需所想皆能如願。」

——蓮花生大士言教，由大弟子耶謝・措嘉記錄

保任體性之五法

提升體驗如天空，開闊敞然而安住。
延展正念如大地，廣大周遍而安住。
穩固專注如山岳，如如不動而安住。
點亮覺智如火炬，光明燦爛而安住。
無念明覺令清淨，澄澈安住如水晶。

——達波・扎西・南嘉《明現本來性》

本尊

措嘉佛母問上師：「修持本尊，何以如此重要？」

上師答：「修持本尊之所以必要，在於它能使人獲得成就（悉地）、去除障礙、領受加持、獲得力量，並生起了悟。種種功德皆來自本尊修持。若無本尊修持，你就只是個凡夫。唯有修持本尊，才能獲得成就，因此本尊修持不可或缺。」

措嘉佛母問上師：「修持本尊時，應當如何禪定與修持才能獲得成就？」

上師答：「由於方便與智慧乃是透過瑜伽成就法來修持任運現起的身、語、意，那麼只要專注修持成就法中的身、語、意層面，則無論如何都會成就。當成就法與持咒修持達到一定的數量，肯定能成就。」

措嘉佛母問上師：「我們該如何念修證悟的本尊？」

上師答：「需了悟你和本尊並非爲二，於你之外別無本尊。當你了悟自心本性即是無生法身時，便是念修本尊。」

措嘉佛母問上師：「如果一個人的見地高遠，是否就無須修持本尊？」

上師答：「於正知見獲得信解，那份信解就是本尊。不要將本尊視爲有形之身。一旦了悟到法身自性，就等同成就本尊。」

措嘉佛母問上師：「我們該如何做，才能親見本尊？」

上師答：「莫將本尊視爲有形之身，其乃法身。在觀想本尊色身由法身顯現，並現起身色、手幟、嚴飾、衣著、大人相與隨形好時，皆應以無自性觀修，好比水中月影。當你依此修持而達到心意穩固之時，就可以親見本尊、領受其法教等。但若執著於這樣的經驗，則將誤入歧途，爲魔所困。對於親見本尊的體驗，切勿著迷，亦無須沾沾自喜，因爲它們只是你自心的顯現而已。」

——蓮花生大士言教，大弟子耶謝·措嘉記錄

雙運

無有造作大中觀、明晰覺智大圓滿——
知彼同義實無二，唯有此見爲最上。

——蔣貢．米滂仁波切

賢聖心

如昔諸佛善逝者，
先發證悟菩提心，
於諸菩薩戒品處，
次第受持而奉行。

我爲利益眾生故，
亦發證悟菩提心，
於諸菩薩戒品處，
次第受持且勤修。

——傳統菩薩戒誓言

噶舉傳承祈請文

金剛總持帝洛那若巴，
瑪巴密勒法王岡波巴，
普明三世遍知噶瑪巴，
四大八小傳承持有主，
直貢達隆采巴德竹巴，
甚深大手印道諸上師，
無比達波噶舉眾生怙，
噶舉傳承祖師我祈請，
持教追隨典範賜加持。

教云厭離乃為禪修足，

於諸飲食財富無執著，
斷除今生繫縛禪修者，
不求名聞利養祈加持。

教云虔敬乃爲禪修首，
上師開啓竅訣寶藏門，
於恆祈請上師禪修者，
得生眞實虔敬祈加持。

教云明覺乃爲禪修體，
諸生起皆鮮明——了悟藏，
於無修整安住禪修者，
得無分別禪修祈加持。

教云念頭體性即法身，
萬法無不由此而生起，
不滅遊舞所現禪修者，
得悟輪涅無別祈加持。

生生不離普賢上師尊，
世世受用殊勝吉祥法。
五道十地善德皆圓滿，
金剛總持果位願速證。

——大手印成就者本嘎・蔣白桑波❹

---

❹本嘎・蔣白桑波（Pengarwa Jampal Sangpo），十五至十六世紀大成就者，第六世噶瑪巴之弟子，第七世噶瑪巴之主要上師，負責將那若六法等所有噶舉傳承法教傳授給年少的噶瑪巴。

隨喜

世尊再次對月光童子說：「童子，是這樣的，發願成就三摩地之菩薩大士，如果想要迅疾、眞實、全然地覺醒，並獲得無上正等正覺之佛果，應當熟稔善巧方便。「童子，菩薩大士應當如何熟稔善巧方便呢？童子，菩薩大士應當於諸有情眾生做親近念想。菩薩大士應當隨喜有情眾生的一切善根④與福德。應當於晝時三次、夜時三次，都爲眾生善根及其所累積的福德感到隨喜，而後，本著想要證得遍知佛果的決心，亦當將自身的善根與福德，迴向於一切有情眾生。

「童子，憑藉此善巧方便所生之福德，菩薩大士將能速速證得三摩地，迅疾、眞實、全然地覺醒，並獲得無上正等正覺之佛果。」

——釋迦牟尼佛，於《三摩地王經》中對弟子說法

④這些「善根」包括持淨戒、布施和對真實善所生的信心。

應知十事

應當了知外境無實質，乃因其皆爲幻相。
應當了知內心乃爲空，乃因其並無本體。
應當了知念頭爲短瞬，乃因其隨境而生。
應當了知身語皆無常，乃因其依緣所現。
應當了知業果不可逃，乃因眾生苦樂由業來。
應了知痛苦爲善知識，乃因痛苦實爲出離因。
應了知快樂爲貪執魔，乃因快樂實爲輪迴根。
應知俗務多爲福德障，乃因俗事能阻礙修行。
應知敵人障礙皆上師，乃因障礙能激勵修行。
應知一切皆爲平等性，乃因現象究竟無自性。
此爲應當了知之十事。❺

——岡波巴大師

❺出自岡波巴大師的經典著作《勝道寶鬘論》。

供燈文⑤

以此本初淨覺之明燈，
供養持明蓮師壇城尊。
願母眾生相續所遍處，
皆證覺空法身之果位。

——蔣貢．米滂仁波切

⑤傳統上以手持燈炬或蠟燭，發起祛除眾生無明黑暗之清淨願。

全然敞開之心

諸佛與有情眾生之別，
猶如空間的廣狹之分。
有情眾生好比緊握拳頭內部之空間，
諸佛則為全然敞開無餘涵攝之廣闊。

——祖古．烏金仁波切

法身

阿難法師啊，諸佛皆爲法身，非由食糧滋養之身。

——維摩詰居士，《維摩詰所說經》

本初淨土

蓮師無別汝本來自性，
銅色山刹即汝淨覺受。
願眾得生此本初淨土，
顯覺不二無作自性境。

——秋吉・林巴尊者

嗡嘛呢唄咩吽

嗡嘛呢唄咩吽是大悲觀世音菩薩之精藏，單單持誦一次的福德就無可限量。一粒蓮子能繁殖的數量超乎想像，持誦一次六字眞言的福德更甚於此。一粒芝麻籽能長出許多芝麻，持誦一次六字眞言的福德更甚於此。四大江河及無數小川皆流入鹹海，持誦一次六字眞言的福德更甚於此。若向珍貴如意寶祈請，一切所需所想皆可得賜，持誦一次六字眞言的福德更甚於此。

嗡嘛呢唄咩吽

十二年雨季所降的雨滴總數都可計數，持誦一次六字眞言的福德卻不可計數。四大洲所播的穀粒總數都可計數，持誦一次六字眞言的福德卻不可計數。海洋中所有的水滴總量都可計數，持誦一次六字眞言的福德卻不可計數。現存所有動物身上的毛髮總量都可計數，持誦一次六字眞言的福德卻不可計數。

嗡嘛呢唄咩吽

六字真言是大悲觀世音菩薩之精藏。八萬哩高的隕鐵山，若以喀西喀所產之最細緻棉布每劫只擦拭一次，都能將其耗盡，持誦一次六字真言的福德卻不能耗盡。須彌山，若由一隻小蟲啃食都能將其耗盡，持誦一次六字真言的福德卻不能耗盡。恆河中所有的沙數，若由一隻小鳥以嘴喙移除，都能將其耗盡，持誦一次六字真言的福德卻不能耗盡。四大洲及須彌山所有塵土，若以微風吹拂都能將其耗盡，持誦一次六字真言的福德卻不能耗盡。

嗡嘛呢唄咩吽

若有人以七珍寶建造佛塔，內部裝載大千世界所有諸佛舍利並恆時獻供，其所造之福德仍得以衡量，持誦一次六字真言的福德卻不可衡量。若有人以多如大千世界一切沙數之薰香、明燈、塗香、洗水、天樂，向諸佛及其淨土獻供，其所造之福德仍得以衡量，持誦一次六字真言的福德卻不可衡量。

嗡嘛呢唄咩吽

此六字眞言是大悲觀世音菩薩之精藏。若能每日持誦一百零八遍，將遠離投生下三道之惡果，來世獲得人身，並得親見聖觀世音菩薩。若能正確持誦此心咒每日二十一遍，將得聰慧，能記憶所學，聲音悅耳，並知悉一切佛法眞義。若能持誦心咒每日七遍，一切惡行將得淨化，一切蓋障將得遣除，無論來世投生何處，都不離聖觀世音菩薩。

若有人受疾病魔難所苦，六字眞言之福德比任何世間療法或除障法都更爲有效。相較任何醫法或療方，六字眞言也是對抗疾病與魔障最有效之良藥。

六字眞言之善德無法衡量，即使是三世諸佛也無法完整描述。何以如此呢？因爲此眞言乃是聖觀世音菩薩之心意總集，祂以大悲心恆常垂視六道有情眾生，故而持誦此咒能助一切眾生從輪迴中度脫。

——蓮花生大士

根本上師祈請文

奧明剎土法界宮殿中，
三世一切諸佛之精藏，
爲我直指自心即法身，
根本上師足前我祈請。

——傳統偈頌

諸菩薩眾

菩薩持心於等捨❻，如理如實觀萬法。

萬法觀如其本然，故能大悲攝有情。

——釋迦牟尼佛《漸備一切智德經》

❻「等捨」，梵文 Upekṣa，一般英譯 equanimity，中譯常見「捨」、「平等捨」，為平等安穩的心態，梵文字面含義為不帶成見、不偏頗、不執取的觀看，世尊對此之說明可參見大正藏阿含部《雜阿含經》第三卷〈60經〉：「世尊告諸比丘：『……善哉，比丘不樂於色……不生不滅，平等捨住，正念正智。』」

修心七要

善童子，且諦聽：

如水面泡沫，因緣和合一切現象皆無常也。

如成熟毒果，輪迴享樂看似歡愉實苦惱也。

如求海市蜃樓水，因緣所生之境永無止盡。

如歷美夢惡魘般，今生諸多追求終究無義。

如戰勝天花病毒，解脫妙果永不退轉爲苦。

如華美天梯，勝上師訣爲登上解脫宮之道。

如整地良田，無分別修爲增長三摩地之基。

——印度大圓滿成就者，無垢友尊者

發願

上自偉大普賢金剛持，
下至慈愛根本上師尊，
彼等為利眾生所發願，
咸願今日皆得以圓成。

——傳統偈頌

臨別建言

生命依緣起，無恆無常也。
六塵皆取相，無實無有也。
道次第爲妄，無眞無實也。
基乃本自性，無體無有也。
心即念頭矣，無根無基也。
所謂實有者，吾未曾得見！

——耶謝．措嘉佛母

發菩提心

菩提心妙寶，
未生令其生。
已生不退失，
輾轉得增長。

——傳統偈頌

2

中善：正行無緣殊勝

般若波羅蜜多心經

如是我聞。

一時，世尊於王舍城靈鷲山上，身旁有眾多比丘及菩薩圍繞。當時，世尊進入「甚深光明宣說正法」三摩地。於此同時，聖觀世音大菩薩❶，於修持甚深般若波羅蜜多時，見到了五蘊自性爲空。

接著，藉由佛陀威神力，舍利弗長老對聖觀世音大菩薩說：「佛門子女若欲修習甚深般若波羅蜜多，應如何修習？」

聖觀世音大菩薩便對舍利弗長老說：「舍利弗啊！佛門子女若欲修習甚深般若波羅蜜多，應如此看待：觀五蘊自性爲空。色蘊即是空性，空性即是色蘊。色蘊與空性無異，空性與色蘊無異。同理，受蘊、想蘊、行蘊、識蘊皆爲空性。因此，舍利弗，一切皆爲空性，皆無自性。沒有生起，亦沒有滅止；沒有垢染，也沒有清淨；沒有減少，也沒有增加。

「因此，舍利弗，空性中無色蘊、無受蘊、無想蘊、無行蘊、無識蘊；無眼根、無耳根、無鼻根、無舌根、無身根、無意根；亦無眼塵（色相）、無耳塵（聲音）、無鼻塵（氣味）、無舌塵（味道）、無身塵（觸覺）、無意塵（諸法）；無眼界、無意界、無諸法界、無意識界；沒有無明，也沒有無明的止盡；沒有老化與死亡，也沒有老化與死亡的結束；沒有痛苦（苦諦），沒有痛苦之來源（集諦），沒有痛苦之滅止（滅諦），也沒有滅苦之法道（道諦）；沒有智慧，沒有證得，也沒有無證得。因此，舍利弗，由於菩薩無可證得，故能安住於般若波羅蜜多法門。由於心中沒有遮障，所以遠離憂懼。由於超越顛倒錯謬，因而證得大涅槃。三世諸佛，皆依此般若波羅蜜多法門而圓滿覺醒，獲得無上正等正覺果。因而般若波羅蜜多此大力咒語，是具有勝觀之咒，是無上之咒，是無比之咒，是能平息一切痛苦之咒，眞實不虛。般若波羅蜜多之咒宣說如下：

「嗡 揭諦揭諦，波羅揭諦，波羅僧揭諦，菩提薩婆訶

---

❶ 漢譯依經文音譯為「菩薩摩訶薩」（菩薩大士），為使譯文較白話，此處依意譯為「大菩薩」，乃證得七地以上菩薩之尊稱。

「故而，舍利弗，大菩薩應如此修習甚深般若波羅蜜多。」

接著，世尊從三摩地出定，讚揚聖觀世音大菩薩：「善哉，善哉。善男子！即是如此。善男子，即是如此。若是有人能像你所說的那樣修習甚深般若波羅蜜多，一切如來都會爲之隨喜！」

世尊言畢，舍利弗長老、聖觀世音大菩薩，以及與會之世間天眾、人眾、阿修羅及乾闥婆等，全都隨喜讚歎世尊所言。

——《般若波羅蜜多心經》❷

❷此版本與現行常用玄奘法師所譯之《心經》不同（唯咒音仍採用），可見於大正藏般若部，北宋施護譯《佛說聖佛母般若波羅蜜多經》。

金剛上師暨證法傳承祈願文

願尊勝導師長壽住百劫，
願正諦法音遍揚世間盡，
願證法傳承圓熟如秋稼，
願吉祥盛世廣開具善德。

——敦珠仁波切吉札・耶謝・多傑

佛性

好比牛乳中有奶油，一切有情眾生中皆有佛性。

——釋迦牟尼佛《大般涅槃經》

祈請上師安住金剛身語意

嗡 阿瑪惹尼 咨文帝耶 梭哈

顯而為空無毀大樂金剛身，
具足童子相好莊嚴諸嚴飾，
勝者教化眾生妙現之化身。
願汝壽命堅如無變金剛身。

聞而為空無有阻礙金剛語，
持有六十功德深密法義音，
依據眾生意樂顯現之報身。
願汝壽命堅如無滅金剛語。

明❸而爲空無生住滅金剛意，
諸法生起之界甚深光明覺，
勝者法身體性所現遍在主。
願汝壽命堅如無謬金剛意。

佛行事業如日高掛遍蒼穹，
無升無落廣弘福祉與安樂，
威名怙主法教眾生蓮園綻，
願汝光輝海量多劫長照耀。

——德達・林巴・局美・多傑❹

---

❸英文原文 cognizant，有清楚明白、覺察了悟之意，此處譯為「明」，對應於「無明」之意。

❹德達・林巴・局美・多傑（Terdag Lingpa Gyurme Dorje，一六四六～一七一四）為大伏藏師，敏珠林寺創始人，與其弟羅千・達瑪・師利（一六五四～一七一八）將寧瑪伏藏集結成《滿願妙瓶》（*Döjo Bumzang*），被認為是《大寶伏藏》之先驅。

緣起

「緣起」是什麼意思？它是指一切現象，不論內在或外在，都是依其所造之因所生起。沒有一個現象不是由其所造之因而形成；也就是說，沒有一個永恆造物者的存在。不論是現象本身、時間，或是全能者，都不存在。因此，現象乃基於各自的因緣交互相依而產生的，這個事實就是緣起。佛陀的緣起說，是其有別於其他〔宗派教義〕的獨特之處。

如此，一切內外現象都是根據各自因緣匯聚而以合宜的方式發生的。當個別因素不完備時，現象便不會出現；當因素齊備時，現象則一定會出現。這就是緣起的自性。因此，緣起法是佛陀所有法教寶庫中非常根本且深奧的一個。對於緣起法，若能以妙觀察智之眼觀察，將能看見具八正道自性的功德；若能以盡所有智之眼觀察，則可證得法身佛果。

法教是這麼說的。

——蔣貢・米滂仁波切《智者入門論》上冊

二念之間

前念後念之間隙，
無念覺智恆現起。

——密勒日巴尊者

師利星哈道歌

已然精熟於覺智，
師利星哈乃我名。
周遍廣闊大平等，
此智體性極自在。

——師利·星哈尊者，出自《圓滿之泉》

三士夫

知士夫有三：
下、中、上士也。

據聞下士者，
藉諸般法門，
唯求自利益，
僅希輪迴樂。

據聞中士者，
離棄輪迴樂，
斷除諸惡行，

僅求個人寂。

據聞上士者，

因知自身苦，

深切欲終結——

有情眾生苦。

——阿底峽尊者❺

❺參見阿底峽尊者所造之《菩提道燈論》。

斷法

斷法（Chö，藏音「倔」，俗稱「施身法」）為修持放下的傳統法門，行者藉此而捨棄自私、斷除執著、獲得解脫。「斷」的意思為「斷除」，意指斷除主客二元分別之根深蒂固想法，這個修持主要便在於斷除這種二元分別的感受。此傳承源自於女祖師瑪姬・拉準，為藏傳法教中唯一譯成印度語的法教，這也是此法的殊勝之處。斷法是以空性與大悲的雙運為前提而修持。於此勇猛大悲的狀態中，行者將得以不帶猶豫、毫無疑惑地為利益眾生而修持。

——祖古・烏金仁波切

斷法之精要

與其乞求上百次「解救我！保護我！」，
倒不如說一次「啃食我！」來得有效。

——瑪姬·拉準尊者

佛子通訓

種種惡行切莫造，
圓滿善行當勤修，
調伏自心應全然，
此即佛陀之教導。❻

——古教言

❻此乃七佛通戒偈，也就是過去七佛的共通教誡，亦為佛法修行的總綱。常見經文為：「諸惡莫作，眾善奉行，自淨其意，是諸佛教。」

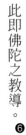

成熟與解脫

有情眾生的心性，是本覺光明的自性，
是無造作的覺性，是任運生起的相續。
一旦步上成熟與解脫此光明自性的法道後，
將清晰感知到自身內在的圓熟。

——《大象渡涉續》❼

上師四類

外在上師，是傳予別解脫戒之授戒上師。

內在上師，是具誓求證悟菩提心願之精神導師。

密在上師，是使金剛乘灌頂智成熟之金剛上師。

勝義上師，是直指大圓滿自性了義之根本上師。

以上，是修道初、中、後期的四類偉大導師。

——第二世慈克．秋林仁波切

普賢王如來祈願文

吙！

顯有輪涅一切法，
一基、二道生二果，
明與無明之幻變。

願仗普賢之願力，
一切皆於法界宮，
究竟圓滿成佛果！

一切之基乃無爲，
自生廣界不可說，

輪涅二者皆無名。

若明此理便成佛，
無明有情轉輪迴，

惟願三界眾有情，
明了無詮基勝義。

——普賢王如來《大圓滿普賢密意通徹續》[1]

——收錄於蓮師伏藏法集中，數世紀後由伏藏師取出

[1] 本篇全名為〈直了宣說大圓滿普賢王密意續所出大力願文〉，節錄自《直了宣說大圓滿普賢王密意續‧發大力願以令一切有情莫可不成佛果品第九》。本段藏文中譯感謝譯者敦珠貝瑪南嘉同意引用。

朝聖

往昔諸佛菩薩與大成就者，憑藉自身的了悟力，會對他們所駐留過的地方予以加持。然而，在當前濁世下，事情卻有些不同，反倒是這些地方必須為人們加持。許多西藏上師來到這類聖地時，總是顯得特別歡欣喜悅。

——祖古・烏金仁波切

四聖地

善子，於我滅度後，虔誠之善男子、善女人應於一生中造訪並憶念四個地方。哪四個地方？佛出生之地、佛證得正等正覺果之地、佛轉十二法輪之地，及佛入般涅槃之地。

善子，於我滅度後，將有人繞轉佛塔，於塔前恭敬禮拜。此番之言即爲彼等所宣說。

——釋迦牟尼佛《長阿含‧遊行經》

為憂者解苦

勝鬘夫人在立下宏偉誓願後，對佛陀說：「世尊，從現在起直至證悟菩提，凡是我看到任何有情眾生失去父母或孩子、受人監禁、生病、內心憂傷或遭遇任何危難不幸而困苦者，絕不捨棄他們。相反的，我將盡力協助他們獲得祥和與安穩，適切地饒益他們，幫助他們從所有痛苦中獲得解脫。」

——《勝鬘經》

西方極樂淨土

阿難①，有情眾生若能憶念阿彌陀佛尊容、種下無邊善根、盡皆迴向善根且決定獲得無上菩提果，並發願往生阿彌陀佛淨土，此人定能於臨終時親見由眾多行者圍繞之善逝、應供、正等覺阿彌陀佛，在親見具有加持力之阿彌陀佛後，以喜悅心境離開人世，往生西方極樂淨土②。

——釋迦牟尼佛《佛說大乘無量壽莊嚴經》，敘說投生此淨土之四個善因

①阿難為佛陀之主要弟子。

②西方極樂淨土為阿彌陀佛之佛剎，諸佛一致讚頌其為解脫輪迴最易投生之淨土。

那若巴尊者道歌

了知空性之心，
其本身便是覺悟心、菩提心，
此即成佛的潛藏力，
此即是如來藏。

因能如實品嚐，
故其亦爲大樂，
此即密咒乘眞義，
此即方便與智慧。

此即廣大與精深，

此即普賢王佛父母。
此空性卻能知的虛空與智慧，
便稱爲「了知本初菩提」也。

縱使行者仍有迷妄，
然而此自知自明，因不依他而生，
故即爲自生覺。

因能覺，故能知，
其爲無念的自然了知。
由此自知自明，不可能生起念頭。

莫把「心」作概念分別，

因爲心超越一切可想，
此能知而無念的本覺，
有如佛陀的智慧。

故而教云：「應當了悟，
此光明心即爲本覺心，
莫於他處求菩提。」

儘管如此，此心
的確會因一時妄念之染而散亂。
但好比水、黃金、天空一樣，
其可爲清淨，亦可爲不淨。

——出自噶舉傳承印度大成就者那若巴尊者之道歌

輪迴

分別大無明，能墮輪迴海；
若能無分別，永超脫悲苦③。

——出自印度大師陳那〈文殊菩薩讚〉

③「超脫悲苦」，涅槃同義詞。

無常

有如水滴降下成雨水，
雨水產生諸多之泡沫，
泡沫成形、破裂，復消失。
須知一切事物皆如此。

——釋迦牟尼佛《三摩地王經》

如幻

積聚如幻資糧，
成就如幻菩提。
行持如幻事業，
利益如幻眾生。

——釋迦牟尼佛《大寶積經》〈授幻師跋陀羅記會〉

止觀

「奢摩他」（寂止）爲專注地住於一境。
「毘婆舍那」（勝觀）爲正確如實地明辨現象。④
「寂止」能遏止煩惱，「勝觀」則全然淨化之。

——釋迦牟尼佛《大乘寶雲經》

④「奢摩他」意思為「寂止」；「毘婆舍那」意思為清楚看見的洞察（勝觀），為禪定修持所須培養的兩大主要功德。

掌中寶

上師言教入心時，
汝即見己掌中寶。

——印度大師薩惹哈尊者

不生不滅

無盡大千世界者，
劫火若起則盡焚，
然虛空終無毀損，
自生覺亦如是矣。

——釋迦牟尼佛《華嚴經》

本性

既不控制呼吸，亦不錨定專注，
猶如赤子一般，安住無爲覺性。

——印度大成就者夏瓦日巴尊者

任運道歌

勿飄勿蕩警覺持正念，
散亂道上有魔羅埋伏，
執取喜惡此心乃是魔。
無分別取觀幻化體性，
了悟自心無造作本淨。
他處無佛觀己本面目，
此外不求安住本然狀，
無修任運圓滿登寶座。

——竹旺・措尼（第一世措尼仁波切）

蓮花生大士

我將入滅以根除常見，
爲淨斷見復經十二載，
無垢郭夏湖間蓮花上，
化現善童子令王歡喜，
轉動無上精義妙法輪。

——釋迦牟尼佛《摩揭陀國授記經》

本然覺性力

若未現起本然覺性力，
昏滯止禪絕無能進展。
當使覺性穩固而明照，
禪士雖多如理修者少。

——蓮花生大士

生命正在流逝

汝心即爲本初佛，
卻因貪欲尋他處。
豈不知其流轉於輪迴？

殊勝人身既已獲，
卻因俗務常放逸。
豈不知汝壽命正流逝？

——蓮花生大士

執取空性

迦葉⑤，
須彌山大的執我見，容易破除，
深切傲慢的執空見，卻不易破。

——釋迦牟尼佛《大寶積經》

⑤大迦葉為釋迦牟尼佛上首弟子之一。

莫如牛畜

執取實有，愚癡如牛，
執取空性，愚癡更甚。

——薩惹哈尊者

感知

束縛你的並非感知，乃是耽著。
那若巴啊，應當斬斷你的耽著！

——帝洛巴尊者

因緣和合

身中若有善緣成，
心中了悟即顯露。

——取自密續，經常用來引導瑜伽行者的體位與修持

失去正念

迷妄心若不以正念守，
覺性力且四處飄又蕩，
專注亦如鴻毛隨風吹；
內在本然定則難攫獲。

——大成就者鄔金巴尊者

方向

你的心像未繫轡頭的公馬，
總是奔馳在錯誤的道路上。
現在就將它引導至正途吧！

——第一世大寶法王噶瑪巴・杜松・虔巴

任其如是

一切所想皆爲分別心，
應捨棄心造作而安住。
既然「安住」亦不過爲字，
莫再執持假名，且任其如是。

——西藏首位法王松贊·干布

昏沉的止禪

耗費多時修昏沉止禪，
既無明晰亦未悟自性。
當以敏銳覺性之凝定，
短時多次而實證禪修。

——大禪師羅日巴尊者

精進

爲能消除心中疑，
應依師言不懈怠。
師言能破魔制惑，
驅散有垢信與貪。
藉此力求度眾生。

——釋迦牟尼佛《華嚴經》

真實修學

心若散亂，不能了悟本然境。
座上修時，誤入分別念或修。
修學之要，在於依循眞實道：
座下修時，常保清明而不亂。

——印度禪修大師巴拉瓦尊者

賢聖之願

三世勝者、佛子及眷眾，
三根本眾、成就持明主，
如海護法、善德守護者，
祈賜加持，清淨願得成。

無量眾生利樂唯一因，
一切善行功德所源處，
勝者無瑕珍貴法教也。
願其十方三世遠弘揚。

願佛陀之法教得廣傳，

全然因應有情諸性情。
完整契合眾生諸根機，
願其受用深廣諸法教。

勝義乘之眞實無上義，
至高見地勝妙大圓滿，
法教精藏光明金剛乘，
願皆流傳增盛永常存。

清淨三學功德藏持者，
持教義者、上師，遍大地。
願聞思修十萬日月昇，
得令法教光輝照十方。

色聲即本尊咒語，情器即勝者刹土，
覺性界中乃盡為一味。
空覺不二普賢意廣界，
願於本淨虛空中，眾生得迅速解脫。

三寶眞諦勝妙加持力，
復以吾淨善願眞實力，
願此祈求無礙圓滿成，
化作法教長存吉祥緣！

——策勒・那措・讓卓尊者

三身

法身周遍虛空中，
報身日光分明現，
化身虹彩爲利生，
三身吉祥願彰顯！

——傳統對三身之比喻，
此處三身是指「佛果之三身」

勝義口訣

空明一味皆了知，༔
無誤自性本面目。༔
無修無整任如是，༔
當下覺境任運顯。༔

——蓮花生大士《道次第・智慧藏》❽

❽參見《智慧之光：蓮花生大士甚深伏藏〈道次第・智慧藏〉》套書。

勝義菩提心

南無 。|。

我與六道諸有情，。|。

無始以來皆爲佛。。|。

了知如是自性故，。|。

我發無上菩提心。。|。

——《祕密藏續》

護生

嗡 切洽惹 嘎納 吽 唏 娑訶

於晨間持誦此咒三遍之後，對著足底吹氣吐沫，則當天不幸往生足下之一切蟲蟻，都將投生至三十三天而轉作天人。

——釋迦牟尼佛「加持足底咒」

基

基乃周遍如來藏。

無爲光明且性空，其爲覺性之本貌。

全然寂靜如虛空，超越迷惑與解脫。

縱使不出於輪迴，不入涅槃而安住，

然因俱生與分別，此二無明之大魔，

故由能取與所取，此二頑固習氣中，

器世間與眾有情，各自不同感知中，

猶如夢境而顯現，六道種種之眾生。

事雖如此然於汝，過去未曾亦絕不，

離於本初此體性。

故當致力而淨化，諸般暫時之垢染。

——蓮花生大士《道次第・智慧藏》

無上瑜伽行者

要了悟大圓滿無上瑜伽（阿底瑜伽）的自性並不容易，因此要加以修持！無上瑜伽的自性是心的覺醒狀態，雖然行者的軀體仍是人身，心卻已證得佛的境界。

無論大圓滿的法教有多深廣、涵攝一切，其精要不外乎此：即使微塵小之對境也不禪修或造作，甚至刹那間之散亂也不落入。

那些不了解此理的人，可能會藉此而了無新意地說：「不禪修也行！」這顯示他們的心仍受到凡塵俗事的繫縛——要是行者眞的了悟無修的自性，理應早已證得輪涅平等。一旦生起了悟，應當肯定能從輪迴當中解脫，煩惱也會因而自然平息且轉爲本覺。了悟若不能減少煩惱，這樣的了悟又有何用？

——蓮花生大士

大悲頌

大悲大力觀音尊，
懇請賜予尊加持。
祈願我與天下眾，
心相續得生大悲。

悲心若有，即佛陀；
悲心若無，乃閻羅。

悲心若有，法根植；
悲心若無，法根腐。

悲心若有，縱起瞋心亦仁慈；
悲心若無，則殺生於笑顏中。
悲心若有，敵成友；
悲心若無，友轉敵。
悲心若有，持諸法；
悲心若無，離諸法。
悲心若有，堪稱屬內道；
悲心若無，外道亦不如。
觀空亦需大悲藏，

行者當具悲自性。
佛法特徵乃悲心。
諸法精華乃悲心。

大悲猶如滿願寶。
大悲能成自他願。

諸位行者在家眾，
長養悲心以證果。

願聞此頌善男女，
能持大悲利眾生！

——摘自夏嘎巴大師自傳

契入大手印

嗟吠！善加體悟世間法！
未能常存，如夢亦如幻，
夢境、幻術實際悉非有，
故應厭離，捨世間俗事！
斷捨周遭貪瞋相關事，
林間、茅棚、靜處獨自修，
請安住於無可禪修境！
證「無所得」，即證大印也。

——摘自帝洛巴尊者《恆河大手印》2

2 本段藏文中譯感謝譯者敦珠貝瑪南嘉同意引用。英文中譯如下：
觀此世間之自性，無常如幻亦如夢；幻相夢境亦不存，當生出離捨俗務。
遠離僕眷貪瞋源，深林蘭若獨自修。無修境中以安住。證無得即大手印。

不分教派祈請文

所有印、藏、漢、香巴拉及各地遵循譽爲白蓮花之無比導師所授經續珍貴法教而持有正法教義者，我向諸位祈請。

持舉經、咒、共通三內密，以及特別是由無上博學成就譯師與班智達完整翻譯之不共大圓滿法教的密咒乘寧瑪派行者，我向諸位祈請。

主要持舉由大成就者那若巴與梅紀巴所授實修與加持傳承，即不共大手印法等甚深教誡法集之眾生怙主的噶舉派行者，我向您祈請。

闡明毗魯巴尊者法教教義且實修其心要，即共通教誡與不共道果法集的吉祥薩迦派行者，我向諸位祈請。

主要持舉文殊菩薩精要傳承，即經咒道至要，且主要修持吉祥阿底峽尊者漸次道的格魯派行者，我向諸位祈請。

主要持舉第三轉法輪經義與時輪金剛要義，了悟如來藏眞諦且具有金剛瑜伽法的至尊覺囊派行者，我向諸位祈請。

雪域所有屬於吉祥香巴、斷法、息法、涅竹及其他甚深教誡法脈之教義持有者⑥，我不分教派而皆向諸位祈請。

以此祈請之加持力，願平息教派之爭，令無分派虔敬心得以彰顯。願一切教義持有者和睦相處，願所有國土和平安定，願令佛法興盛長存之吉祥順緣得以生起。

——宗薩・欽哲・確吉・羅卓（第二世宗薩欽哲仁波切）

---

⑥香巴噶舉由瓊波・南覺（Khyungpo Naljor）於西藏創立，斷法為瑪姬・拉準所創立，息法為帕當巴・桑傑所創立，涅竹（Nyendrub，又稱：多傑頌吉涅竹、三金剛誦修、鄔金涅竹）傳承為大成就者鄔金巴所創立。

空性與大悲

空性滿願樹木上，
顯現無別大悲果。
此乃諸佛所源處，
無疑皆由彼生起。

——摘自《喜金剛本續》稍略版《五十萬頌》

諸音之源

「阿」乃無上之音聲，
涵攝諸義勝妙音。
由內生起且無生。
超越言語諸詮說，
諸般表述無上源。

——取自《聖妙吉祥眞實名經》

十四種無義利之事

一、已獲人身卻不思正法，如入寶山空手而歸，實在是無義利。

二、已入佛門又重返家庭生活，如飛蛾撲火，實在是無義利。

三、常伴善法導師卻不能生信，如身處海邊卻乾渴而死，實在是無義利。

四、已作修行卻不用來對治四根本煩惱與我執，如將斧頭置於樹幹邊，實在是無義利。

五、聽聞口訣卻不用來對治煩惱，如病人手握藥袋卻不服用，實在是無義利。

六、舌根能流利持誦經文卻不能入心，如鸚鵡覆誦偈子，實在是無義利。

七、以偷竊、掠奪、詐欺之財作布施，如以清水來洗羊皮襖⑦，實在是無義利。

八、藉傷害其他有情眾生來供養三寶，如以子之肉供其母親，實在是無義利。

九、一味追求此生自利目標，如同貓等待老鼠自來，實在是無義利。

十、為求世間稱揚、名聲、崇敬與利養而炫耀自身善行，如以一顆滿願寶珠交換成堆普通寶石、一袋酒糟或一包麵粉，實在是無義利。

十一、學富五車卻見識淺薄，如身為醫生卻染上不治之症，實在是無義利。

十二、已得口訣卻不用來修持，如富人丟失金庫鑰匙，實在是無義利。

十三、對他人講說法要自己卻未得了悟，如同以盲導盲，實在是無義利。

十四、無視自性本然卻視由造作所得之體驗為上，如把黃銅當作黃金，實在是無義利。

此為十四種無義利之事。

——岡波巴大師

⑦將羊皮浸泡在水中，只會使羊皮變得更僵硬、沒有彈性。

心的虛空

猶如天空之周遍，
且具無分別自性，
心性無垢之虛空，
亦爲相同之周遍。

——彌勒菩薩《寶性論》，由印度大師無著菩薩書錄

無畏施

「無畏施」是指盡力幫助身處困境者。包括例如提供庇護給失去安居處者，提供保護給無依無靠者，陪伴孤單者。尤其是，無論在何處都要以力所能及的方式去阻止狩獵和捕魚，設法買下那些待宰之羊，挽救垂死的魚類、蠕蟲、飛蠅等一切生命。因為佛陀曾說，在所有世間善行中，解救生命是最具利益的。

——巴楚仁波切

我們的佛性

有情眾生所具有的佛性就像天空。由於天空無有過去、現在或未來，無內無外，亦無任何形色、聲音、氣味、味道或觸感，佛性亦是如此。

——釋迦牟尼佛《大般涅槃經》

善逝藏

清淨澄澈且光明，
不爲擾動亦無爲：
此乃所稱善逝藏，
是爲本具之自性。

——釋迦牟尼佛《三摩地王經》

解、行、證

解義如補丁，縫上又脫落。
體驗如薄霧，淡化且消失。
了證如虛空，恆常不變異。❾

——證法傳承之古德大師

❾清涼大師在《華嚴經疏鈔》中所講的「信、解、行、證」，為佛法修學的四個階段。

大悲心

若具一德，如握證悟功德於掌中。
一德者何？大悲心是也。

——釋迦牟尼佛

心要建言

縱使了證等同佛陀，仍應供養三寶。縱使已然心性自在，所求仍應皆向佛法。大圓滿自性雖至高無上，切勿毀謗其他法教。

雖已了悟諸佛與眾生平等，仍應以大悲心攝持一切眾生。雖說五道十地無可修學且無可行至，仍須不斷以法行來淨化遮障。縱使資糧無可積聚，切莫斷除有漏善根。

縱使此心無生無死，然此幻化之身確會凋零，仍應憶念死亡而修持。縱使已體驗本具無念自性，仍應持守菩提心。縱使已證法身果位，仍應不離本尊。

縱使法身非在他處，仍應求取眞諦。縱使佛果即在眼前，仍應迴向諸善德於無上菩提。縱使一切體驗皆爲本覺，仍應不讓自心落入輪迴。

縱使自心體性即佛，仍應恆時禮敬本尊與上師。雖已了悟大圓滿自性，切莫捨棄所修本尊。那些滿嘴浮誇，卻不依此而行的愚者，其行爲只會損害三寶，連剎那的快樂都無法尋得。

——蓮花生大士

我執之根

你或許可以運用禪定的專注力，一次次地如野火燎原般將煩惱叢林焚燒殆盡。但煩惱之林總在大雨過後再度橫生。那是因爲你尚未斬斷根深蒂固的我執之根所致。

——早期印度大師提婆（聖天）菩薩

漸次之道

就像爬上樓梯一樣，
你也應按部就班地訓練自己。
努力學習我的甚深教導，
漸次進展直到最後，而不跳過任何步驟。

就像一個小孩那般，
逐步發展其身軀與力量，
佛法修行也該如此，
從入門的第一步起，
直至圓滿完成爲止。

——釋迦牟尼佛《涅槃經》

最可貴的胸襟

遍虛空之際的一切有情眾生，無一不曾作爲我們的父母，且並非僅僅一次或數次，而是自無始的輪迴以來，眾生作爲我們父母的次數乃不可計量。我們不能棄他們於不顧，除了將他們安置於無上的證悟境界外，別無他法可回報恩德。

因此，如今正是時候，且讓我們成爲所有曾爲我們父母之無數有情眾生的導引守護者。爲了做到這點，我們自己就必須證得不住於涅槃寂靜、亦不住於輪迴存有二邊的殊勝涅槃。而達到如此成就的首要起因與方法，莫過於菩提心此可貴的胸襟。

——策勒・那措・讓卓尊者

現象

萬法皆依緣，
端看汝心態。

——《三理趣燈》

菩提心

輪迴涅槃的一切現象，究竟而言皆不超越離於各種造作束縛的本然空性。然而，以表相經驗作爲無礙的媒介，而顯現出各式各樣的輪迴與涅槃、自我與他人、快樂與痛苦等。事實上，無論眾生如何經驗，這些現象卻是連一粒微塵的實有都不具！在現象非實有的同時，眾生卻能經驗到它；在經驗到現象的同時，它卻不具一丁點的實有——這就是一切事物的特性。儘管如此，有情眾生未能了悟這一點，誤將非實有的經驗視爲堅固實有，並因執著而形成習氣，以致不斷承受無止盡的輪迴之苦。既然眾生皆曾身爲我的恩慈父母，我務必要將他們安置於安樂之中！如今吉祥因緣已然現起，由於我尚未具備這樣的能力，因此我將立下過去未曾具有的決心，力求迅速獲得菩提果位！爲了利益有情眾生，我將如此證得佛果！

——策勒・那措・讓卓尊者

生命轉瞬即逝

如山河流入大海，
如日月落入西山，
如晝夜時光飛逝，
眾生壽命亦如是。

——《律經》

善與惡

貪瞋癡與所致行，皆爲不善。
不善將如諸惡法，招致痛苦。
離於貪瞋癡與由此所致行，皆爲具善。
具善，則能帶來今生與諸來世之安樂。

——龍樹菩薩《中觀寶鬘論》

平等性

迦葉，若悟諸法自性平等，則超脫痛苦。
如此平等之性唯有一者，而無二或三者。

——釋迦牟尼佛《大寶積經》

救度生命

透過解救飛禽、魚和鹿，
盜賊、蛇類諸待宰生命，
縱使可能原本短命者，
今生壽命亦得以延長。

如上，不論經續都曾提到，一切長壽法中最殊勝的，莫過於解救待宰有情眾生之性命，這點以智力推論亦可成立。基於此緣故，以及救度生命所帶來的無數利益，一切智者都應該盡力救度生命。

——蔣揚．欽哲．旺波（第一世宗薩欽哲仁波切）

龍樹菩薩悟道

僧人龍樹在博學五明、通達三藏義理、領會密咒果乘的諸多教法後，欲尋求無勤作的大圓滿之義。在拜見達尼瑪尼師後，向其請教所謂了悟之義。達尼瑪賜予他這首道歌，以說明完整且精要之義：

思惟時，你或能理解空性，但其仍爲迷惑。
耽著時，你或能執取見地，但其仍爲繫縛。
思考時，你或能理解法身，但其仍爲念頭。
禪修時，你或能長養無念，但其仍具分別。

達尼瑪如此吟唱。

龍樹在理解其根本意旨後，便以此表述其體悟：

吾此龍樹者，
由於無生法身乃超越諸蘊，故而吾寬坦。
吾人無聲無止之語乃超越分別徵相，故而吾寬坦。
吾人智慧無念之心乃超越出生死亡，故而吾寬坦。
吾今已了悟，覺醒心乃大樂也。

——大圓滿法教傳承祖師達尼瑪與龍樹菩薩，
摘自《圓滿之泉》

殊勝人身

人身是極爲難得的，在終於獲得後卻不心向佛法，眞是愚昧啊！唯有佛法可以幫助你，其他一切皆屬世間戲法。

——蓮花生大士

四無量心

菩薩摩訶薩應當培養大慈、大悲、大喜與大捨。

——釋迦牟尼佛《般若八千頌》

慈悲喜捨，若不以菩提心攝持，而僅爲追求輪迴存有之樂因，稱四梵住。若以菩提心攝持，則成涅槃之因，謂四無量心。

——釋迦牟尼佛《勝藏經》

經營個人事務

納取他人建言，
決斷則由自身。

——確吉·尼瑪仁波切，引用西藏諺語

菩提心之福德

菩提心若有具體福德，
將遍滿虛空且更勝之。

——釋迦牟尼佛

六波羅蜜多

善臂，爲證得正等正覺故，菩薩摩訶薩應恆時行持六波羅蜜多。

——釋迦牟尼佛

致曼達拉娃道歌

曼達拉娃妙花於此且聆聽！
圓滿公主切莫散漫善諦聽！

長時流轉輪迴存有之苦中，
猶如漂泊無際汪洋難逃脫，
如今乃求永恆目標之時機，
年少公主務必修持勝妙法！

凡塵俗事行徑總是無止盡，
汝已無義虛度光陰如此久。
如今該以不同方式作思惟，

年少公主務必證得解脫果！

汝因貪愛使然渴望親屬眾，
滋養寡義忘恩友伴如此久。
如今該要修練自心之明空，
年少公主務必善加觀自心！

汝因瞋恨使然憤怒待敵人，
損害他人亦不利己如此久。
如今該要調伏自身之煩惱，
年少公主務必消滅自私心！

汝因愚癡飄盪於輪迴俗世，

猶如無恥死屍沉睡如此久。
如今該要保任無散亂之心，
年少公主務必令明覺展現！

汝因我傲使然高踞權勢位，
高傲建言指點他人如此久。
如今該以忠言爲己作針砭，
年少公主務必遣除自身過！

汝因嫉妒使然而貶損他人，
針鋒相對互爭高下如此久。
如今該要追隨勝者之步履，
年少公主務必長養清淨觀！

汝因造惡業而陷入輪迴海，
於惡趣中輾轉投生如此久。
如今該要修持顯空本尊相，
年少公主當觀修生起次第！

妄言綺語唯招致更多繫縛，
口造無盡無義之詞如此久。
如今該要持誦聲空精要咒，
年少公主務必謹記於汝心！

諸多念頭將引發無量煩惱，
心中任憑妄念滋生如此久。
如今該當攫取樂空之王國，

年少公主當修無生之自性！
甚深法乘好比殊勝之捷徑，
於汝仍有機緣入於法道時，
如今該當修持周遍之淨觀，
年少公主務必生起虔敬心！

——蓮花生大士，取自其傳記《金鬘紀事》

行者四準則

遭受盛怒攻擊時，勿以瞋心思報復。

遭受謾罵侮辱時，勿以惡言思報復。

遭受公然苛責時，勿以反譏思報復。

遭受肢體暴力時，勿以拳腳思報復。

——釋迦牟尼佛

四無量心

願眾生具足樂及樂因，

願眾生遠離苦及苦因，

願眾生不離無苦之樂，

願眾生遠離愛惡親疏，常住大平等捨。

——傳統偈頌，每日複誦六次

行住坐臥發賢聖願

著衣時，當願穿上慚愧服！
繫帶時，當願繫緊誓戒帶！
開門時，當願開啓甚深自性門！
關門時，當願關閉通往惡趣門！
走路時，當願邁向證悟道！
騎馬時，當願騎上精進駒！
渡河時，當願渡脫輪迴海！
上行或者上樓時，當願登上解脫道！
達至目的地之時，當願安抵涅槃城！
得見上師聖者時，當願遇眞師攝受！
參訪三寶廟宇時，當願投生清淨剎！
行旅或者夜寐時，當願法道得安住！

——釋迦牟尼佛《華嚴經》〈淨行品〉

心性

往昔已滅前景未生時，ஃ
當下無礙覺醒之狀中，ஃ
以心觀心如此而安住。ஃ
其中無論生起何念頭，ஃ
皆爲唯一心性之遊戲。ஃ
由於虛空自性無變異，ஃ
而悟周遍心性無變異。ஃ
此乃諸乘究竟大圓滿，ஃ
自生心部⑧無上之勝義。ஃ

——蓮花生大士

⑧心部為大圓滿三部教義其中一部。

自他交換

欲速救護自身與眾生，
應修自他交換密妙訣。
諸世間樂因願他樂生。
諸世間苦因願自樂起。
不以自樂全然換他苦，
佛果與世間樂皆無得。

——寂天菩薩

止觀雙運

寂止（奢摩他）一般是指在分別念自然消退後，心住於樂、明、無念的狀態中。勝觀（毘婆舍那）則指赤裸鮮明地看見自知自明、無有所緣、離於增減的心性。換句話說，寂止是沒有念頭活動的狀態，而勝觀是認出念頭的本質。類似的描述還有很多，但實際上，一切顯相或體驗都不離止觀無別。無論靜止或動念，都只是心的展現；在靜止或動念時認出你的自性，就是勝觀的自性。

寂止是不讓自己涉入對六識聚所取任何外在顯相的堅固耽著，而勝觀是感知的無礙顯現。因此，在感知中，具足寂止與勝觀的雙運。

在念頭突然冒出時能鮮明地認出其本質，就是寂止。而離於任何分別概念，在本然心性中令其直接解脫，就是勝觀。因此，在分別念中，寂止與勝觀也是雙運的。

此外，當煩惱生起時，即使其甚爲強烈，然而你不但沒有執實而隨之起舞，還能直視其本質，就是寂止。若能見到在能觀的覺性和所觀的煩惱中的明空赤裸本質並非分別存在，就是勝觀。因此，在煩惱中，也具足寂止與勝觀的雙運。

——策勒．那措．讓卓尊者

輸贏

利與勝皆予他人，
損與敗則由己受。

——阿底峽尊者

塵世追逐

塵世之追逐，
唯汝停下時，
方能有終盡。

——無垢友尊者

正知見

文殊師利，凡於諸法見平等性、無二性，及無能落入分別性者，即為擁有正知見。

——釋迦牟尼佛《諸法無行經》

噶瑪恰美道歌

噯瑪吙！

縱使經續論典廣博且大量，
壽命短暫智力有限難盡讀。
學識雖豐若未付諸於實修，
猶如身處大湖岸邊卻渴死，
亦如學者床榻偶見平庸屍。

經續以及印藏賢哲教言集，
雖具大加持力凡夫難挈領。
寺宇學院視爲必要之教授，
然於專一修持卻少有用處，
此「老婦直指口訣」能益修心勝一切。

大印大圓諸無量甚深法教，
其根本文各各精確無謬誤。
乃需授予未來傳承持有者，
然於個人修持與來生利益，
不若總攝上述於一為甚深。

精確無誤掌握佛法諸傳規，
乃為持掌法教者之所必備。
然汝若是關注來生之利益，
不若不分派皆淨觀為甚深。

若欲成為上師首要之弟子，
便須專心依止單一具德師。

然若欲獲覺受、了悟之善德，
不若集諸上師爲一觀爲佛，
安住頂上而作祈請爲甚深。

若欲成爲授灌大師有必要，
持誦續部本尊諸生起次第。
然若欲淨遮障且獲得成就，
不若修一總集本尊、咒語爲甚深。

若欲宣講無數禪修之指引，
須修無數有相、無相之圓次。
然若欲獲覺受、了悟之善德，
不若保任體現諸法之藏爲甚深。

雖有眾多演繹見地之方式，
諸如由內與外斬斷諸造作。
然如爐火熄滅煙亦隨之散，
不若斬斷心之根本為甚深。

雖有眾多依不依緣禪修法，
不若修持明空雙運為甚深，
僅憑憶念生起次第即圓滿。

雖有眾多高下粗細諸行止，
不若盡力棄惡從善為甚深。
雖有眾多證得果位之細述，
不若於無誤修見修行之後，

對於證果生定解信爲甚深。

雖說登地菩薩爲利益法教，
縱犯重大過患惡行亦無遮，
吾等之人仍應畏懼墮惡趣，
不若棄絕惡行重罪爲甚深。

此外爲益衆生不思自身利，
供養、布施、抄經、持誦等修持，
三輪體空封印迴向乃精深。

——噶瑪．恰美仁波切《大手印大圓滿雙運》

緣起性空

諸法無不依緣起而生，
是故諸法無不自性空。

——龍樹菩薩

滴水成海

若欲眞實修佛法，
應當盡力施善行。
莫以善小而不爲；
勿以惡小而爲之。
浩瀚滄海水滴成；
須彌四洲微塵聚。

縱使布施微如芥，
若持悲心、菩提心，
能獲福德百倍增。
布施若無菩提心，
馬匹牲口縱施捨，
福德亦無有增長。

一切有為法

有如星辰、光影或火焰，
亦如幻術、朝露或水沫，
又如夢境、閃電或雲朵，
當知諸法盡皆爲如是。

——釋迦牟尼佛《三摩地王經》

師利．星哈教訣

蓮花生大士進一步詢問：「大師，佛與有情眾生之心性為何？」

師利．星哈答覆：「佛與有情眾生的心不具任何實體。然而，在它非為實體的同時，我也並未見到其有一種絕對的樣子。如果於心中無法找到任何所緣、可供指認的東西，分別概念將自行解脫；且沒有魔能傷之。此稱為『斷除外顛倒』。

「斷除內顛倒之道為：這個能知的自生覺，非藉具體之因所生、非由特定之緣所造，亦不具任何本體。甚至連我——師利．星哈，也從未發現任何可描述為如何、如何之心。是故，蓮花生，我也不具能以任何一種究竟方式而向你展現的心。」

師利．星哈如此說完，便消融於不滅的虛空中。

——師利．星哈尊者

般若智

長養無分別，
長養般若智。

——釋迦牟尼佛《般若八千頌》

諸法自性

有情眾生驚呼道：「我見到天空！」
然需檢視究竟如何得見天空之義；
此爲如來所述吾人看待諸法之道。

——《大般若波羅蜜多經》

未來佛

一切眾生確實皆爲佛，
客塵蓋障所遮而不顯。
諸障盡除即眞實爲佛。

——《喜金剛根本續》

善知識

阿難，如來不以身相而見於有情眾生，

乃現爲善知識以宣說佛法而播下解脫種子。

是故，當視善知識爲勝過諸如來。

——釋迦牟尼佛《無垢虛空經》

諸法流逝

三界無常如秋雲，
眾生生死似觀舞，
世人壽命空中電，
亦如飛瀑速流逝。

——釋迦牟尼佛《方廣大莊嚴經》

為死亡做準備

你應該將自己所擁有的一切食物、財富用於善行。俗云：「當爲死亡存些棺材本。」但是當你身染致命惡疾時，無論身邊有多少幫手，也無法用部分的金錢來交換痛苦，同時，痛苦也不會因爲你沒錢而更加嚴重。

那時，不管你是否擁有幫手、僕從、侍者或財富，都沒有用。相反的，這些都是引起你執著的因素。執著將羈絆著你，就連對佛法或本尊的執著，都是一種繫縛。富人執著於他所擁有的千斤萬兩黃金，窮人執著於他所擁有的一針一線，然兩者的繫縛力是一樣的。是故，務必放下一切阻礙解脫門的執著。

死後，無論你的屍骸是置於檀木堆上火化，或是放在渺無人跡之處任憑飛禽、野狗啃食，都無差別。你所能帶走的，只有生前所做的一切善行與惡行。你的聲譽、惡名，所積累的食物、財富及所有幫手、僕人，都必須拋下。

死期來臨時，你需要一名殊勝上師引導，因此務必事先找到上師。若無上師引領，你將無法覺醒證悟，因此務必追隨一名具德上師，並履行上師一切建言。

——蓮花生大士

任運道歌

了義威德大力金剛持，
勝義了悟普賢王如來，
上師直指爲吾人本貌。
憶念極喜金剛⑨再現師。

勝者八萬四千法心要，
乃爲大圓滿之殊勝道。
不拒所執妄念自然解，
此爲口訣教誡善妙處。
重返本具精藏本然處，
輪涅萬法便不作取捨。

於自身中尋得果之王，
成就樂心之旨誠歡喜！
了悟本覺即爲己上師，
自在本然狀中作祈請。
斬斷分別念心之歧途，
我等同登無修之境界。

——敦珠仁波切吉札·耶謝·多傑

⑨大圓滿傳承開宗祖師。

死亡

於此世間甚或善趣中，
可曾見聞生而無死者？
或汝於此可曾生疑惑？

——龍樹菩薩《除憂書》

廣遼頌

覺性相續乃根本無生，
萬法窮盡、超越分別境，
其中輪迴涅槃爲無別。
覺性本狀乃離於能所❿，
無盡周遍赤裸極廣闊！

顯相皆爲無基之空相，
無實明現如幻影水月。

❿「能」是發動行為的主體，「所」是行為的客體，「取」為感知，「能取」為感知者，「所取」為所感知的對境。

能見非實基中未曾有，
空而無我赤裸極廣闊！
所顯皆爲空而自然能知之無礙相續，
念頭記憶消失空盡無痕如天空。
認知心意作用無根無基亦無形，
空而無可執取極廣闊！

——龍欽．冉江尊者〈虛空無中邊〉
（*Space without Center or Edge*，暫譯）

度母

聖救度母是十方諸佛菩薩的智慧相。就勝義面而言，度母自本初以來就已證得本來覺醒之境，也就是般若波羅蜜多佛母之精藏；然而，爲了使凡俗弟子能夠理解度母的來源，以下簡述度母的故事。

在久遠以前某個過去劫的無量光世界，正值鼓音王如來出世，度母身爲當時的公主，名般若月。那時，公主於佛前首度發願證得無上菩提，並誓言於輪迴尚未空盡以前，皆以女身度化一切眾生。爲履行其誓言，公主日夜修持，直至每天均能使千千萬萬的有情眾生從世俗禁錮心中解脫並證得「無生法忍」，公主因而獲得聖救度母之名號。據說單單憶持其名號，就能消除輪迴之痛苦與耽著涅槃寂靜之過患。

其後，度母更在不空成就佛前誓言守護十方眾生免於一切怖畏與傷害。其他時候，她則化爲觀世音菩薩之智慧化現，協助觀世音菩薩廣度眾生。就這樣，度母的生平典範遠遠超過凡夫所能臆想。

尤其在我們這個世界，大悲觀世音菩薩曾於光明時期在印度普陀山傳授一億部度母的金剛乘密續，並持續在諍世時期傳授契合世人根器的度母中軌與簡軌密續。修持這些法門能平息八難與十六怖畏，並成爲使一切所需所求皆能滿願之因，進而究竟了證大手印智慧身。上述皆可由往昔行者的無數精彩故事而得知。

簡言之，度母體現諸佛事業於一身，而她的加持比任何本尊都還要迅速。印度和藏地許多博學有成的大師，都將度母作爲主要修持並獲得悉地。這就是我們今日爲何會有如此眾多聖度母修持和口訣的原因。

——第十五世大寶法王噶瑪巴．卡洽．多傑

度母祈請文

尊聖度母及眷屬，
大悲無別憫吾等。
行者所願祈加持，
無礙圓滿而得成。

正法廣傳願昌盛！
持法者睦久住世！
彼等違緣皆平息！
教證事業齊蓬勃！

病飢爭鬥不復見！

修行資糧日益豐！
禮佛君主國力增！
遠近國家融洽處！

十六怖畏非時死，
不祥夢魘與惡兆，
輪迴惡趣諸苦難，
今後皆免垂護佑！

壽、福、量、覺、悟增長！
一切惡念不能擾！
二種覺心無勤生！
所志求者如法成！

從今直至正等覺，
如母護佑其獨子，
請以慈心常護衛，
祈願與您不分離！

——傳統日誦

一切有為法都將壞滅

蓮花生大士在藏王（赤松．德贊）的邀請下，參加了由藏王及其妃子、子嗣於青埔所舉行的一〇八次大薈供。當時，藏王和已故王妃卓．蔣秋門所生之女貝瑪薩（蓮花明）公主，不幸於八歲早夭。國王見到女兒屍首時，頓時哭倒在地，措嘉佛母拿了一條白色哈達，並向藏王撒了些番紅花水。蓮師在藏王恢復意識後，開口說道：

陛下且諦聽。
世間追求往往皆如夢。
和合事物特徵爲如幻。
汝之王國恍如昨夜夢。
財富子民猶如草尖露。
壽命短暫好比水上沫。
諸般和合都將要壞滅。

所有會聚以分離收場。
一切有爲法皆如上述。
無有一法穩固且長久。
切勿執無常者以爲常。
應修法身無生之自性。

蓮師如此說完後，再次向國王唱道：

噯瑪吙！
大王陛下復諦聽！
輪迴諸法既然皆不具實質，
無盡流轉唯使痛苦益增盛，
故而應當攫取法身皇權堡。

持守無生法界爲根本家園。
依止僻靜深林爲根本住所。
觀照萬法空明爲根本閉關。
安住自心本性爲根本房舍。

持守專注、正念爲根本資產。
二菩提心誓願爲根本寶藏。
二資糧恆累積爲根本財富。
十法行⓫作實踐爲根本農務。

大悲攝受眾生爲根本父職。
保任空性本境爲根本母職。
無別修持生、圓爲根本子嗣。

實修樂、明、無念爲根本伴侶。
研讀善逝經典爲根本友人。
長養堅定信心爲根本良田。
無生法性仙饈爲根本食糧。
口訣教誡甘露爲根本飲水。
謙卑、穩重之袍爲根本衣衫。
佛法空行、護法爲根本眷屬。

⓫二種菩提心為願菩提心與行菩提心。二資糧為福德資糧與智慧資糧。十法行為大乘十法行，分別為書寫、供養、施他、諦聽、披讀、受持、開演、諷誦、思惟及修習。

投入法道實修爲根本受用。
向內觀照自心爲根本風光。

廣作法道追尋爲根本消遣。
生起次第收、放爲根本娛樂。
持灌頂、三昧耶爲根本密友。
五毒取作道用爲根本偏好。
無偏無狹聞思爲根本嚴飾。
抄寫甚深經文爲根本事業。
布施無有限定爲根本訪客。
全心由衷向法爲根本追尋。

虔誠禮敬三寶爲根本國師。

恭敬對待父母爲根本恩田。
景仰金剛上師爲根本敬田。
自心遠離僞善爲根本三昧耶。

棄絕一切惡行爲根本戒條。
淨持三種律儀爲根本廟宇。
觀照不變光明爲根本壇城。
善加調伏自心爲根本教誡。

觀照不變空覺爲根本之見。
保任如是自性爲根本之修。
瓦解二元執妄爲根本之行。
不求任成之果爲根本之果。

依此修持今生得樂、來世喜，
不久當可獲證圓滿之正覺。
藏王聽後感到十分歡喜，並向蓮師行諸多的大禮拜與繞行禮。

——蓮花生大士

自心本性

南無 咕嚕 文殊師利耶

本初之心自在非和合，
言不能傳若得師加持，
無須勤作各自可證知。
一旦明心當知保任無造作！

不思「務保本心！」作持守，
亦莫思惟「不應作執取！」
任憑如是自行得明晰。
自持本然瑜伽最勝修！

一旦嫻熟無爲本然境，
諸念生起無益亦無害，
一如廣空飄過之雲朵。
乃自在瑜伽士寬坦時——阿拉拉！
且將此精要建言贈與我的心子們。

——蔣貢・米滂仁波切

激勵修持

一旦憶持無常入於心，
初為趣入佛法修持因，
中為精進不懈之鞭策，
後令證得光明之法身。

——帕當巴・桑傑尊者

見地與行持

見地雖應高遠勝於天，
行持因果取捨細若粉。

——蓮花生大士

往昔母親

就算把地球上的所有塵土，搓成如松子般大小的泥丸，
這些泥丸的數量，也比不上過去曾爲我們母親的眾生數量。

——龍樹菩薩

勝義同歸

無邊二諦⓬雙運中觀宗，
無造自性本覺大手印，
本初清淨普賢大圓滿，
三者於一義中同歸也。

——策勒．那措．讓卓尊者

⓬龍樹菩薩於其著作《中論》第二十四〈觀四諦品〉中，提出了「二諦說」，參見姚秦三藏鳩摩羅什譯：「諸佛依二諦，為眾生說法，一以世俗諦，二第一義諦。若人不能知，分別於二諦，則於深佛法，不知真實義。」一般通說二諦為世俗諦與勝義諦。勝義諦為諸法的實相、法性，世俗諦則為世間具相互依存性之事物，乃隨順世間的世俗義。

祈請文

無與倫比至慈恩德師，
恆時安住吾人頂嚴坐，
甚深密意傳承加持如日光，
請令速入己心賜予智慧灌！

信心、悲心、出離、菩提心，
四灌法道、生圓次第成，
得置本初法身勝義殿，
願能藉此吾心得調柔。
祈賜加持己心融師心！

——頂果．欽哲仁波切

上師與弟子

若不審視上師，猶如飲毒藥。
若不細查弟子，好比躍深淵。

——蓮花生大士

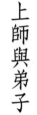

賢聖發心

凡虛空遍及之處，即充滿有情眾生；凡有情眾生遍及之處，即充滿業與痛苦。這些由惡業與痛苦所遍及的有情眾生，無一例外，皆曾一再地生爲我的父母而仁慈待我。這些曾爲我父母的眾生，如同我現世的父母一樣，每每施予我無比的恩惠，視我的生命如他們自己的生命般，保護我免於無數危難，含辛茹苦地細心照顧我。然而，不幸的是，這些眾生——我慈愛的母親們，在想要獲得快樂的同時，卻製造著痛苦，本意與行爲有如瘋子般自相矛盾！

光是憐憫他們無濟於事，我必須引領他們脫離輪迴之苦，並迅速將他們安置於無上正等正覺果位！如今，我對此尚無能爲力，故而必須即身成佛，以便度化一切眾生！爲此，我必須修持甚深瑜伽法。

——蔣貢・米滂仁波切

虔敬與加持

上師四身雪山上，⑩
虔敬之陽若不照，
加持之河不流淌。
故當勤修虔敬心。

——直貢覺巴・吉天・頌恭

⑩三身以外之第四身，為代表諸佛體性之法界體性身，屬於無相覺醒境界。

因畏懼而證無死

由於死亡爲我唯一怖，
故於無死自性修此心，
繼而認識根本之要義，
亦即輪迴自解脫本性。

無緣赤裸內在之覺性，
淨除尋思於見地生信——
既已抉擇此光明空性，
生死於我如今無能懼。

——密勒日巴尊者

3

後善：結行迴向殊勝

迴向福德

滴水落入滄海中，
海水未枯水不竭。
善德迴向證菩提，
菩提未證善不盡。

——釋迦牟尼佛《佛說海意菩薩所問淨印法門經》

迴向

以此善德願眾生，
福德智慧皆具足。
依彼福德與智慧，
殊勝二身願彼證。

——龍樹菩薩

般若波羅蜜多

離思無可言詮般若度，
無生不滅猶如虛空性。
各別自證智慧所行境，
三時勝者佛母我敬禮。[1]

——羅睺羅尊者〈般若波羅蜜多佛母讚〉

1 本段藏文中譯感謝譯者敦珠貝瑪南嘉同意引用。

見地之界懺悔文

無生自性未證前，⊶
於無生法執有我，⊶
謬解者心甚悲耶！⊶
無生大樂界中深自懺。⊶

法性自性未識前，⊶
顯有如幻不明瞭，⊶
物資財富貪執取。⊶
無貪無生法性中懺悔。⊶

輪迴無我未明前，⊶

執計萬法實與常，○－○
惡業使然著於相。○－○
無垢菩提界中深自懺。○－○

平等自性未證前，○－○
執妄友伴爲常存，○－○
無明者心甚謬耶！○－○
平等自性界中深自懺。○－○

法性眞性未見前，○－○
背離自性造惡行，○－○
俗擾所欺捨佛語。○－○
大樂法性界中深自懺。○－○

覺智未自解脫前，༔
捨自證性放逸行。༔
無義有情甚淒耶！༔
不迎不拒界中深自懺。༔

——取自寧瑪密續〈見地之界懺悔文〉

菩薩誓願

吙

如昔勝者與佛子，ༀ

發起無上菩提心，ༀ

為度虛空有情母，ༀ

我亦欲證菩提果。ༀ

——蓮花生大士伏藏法《遣除道障》❶

❶參見《障礙遍除：蓮師心要修持》一書。

布施果報

祈請大悲之佛尊，
吾等弟子垂觀照！
娓娓吟唱善德益，
歡喜專注且諦聽！
僅一花、香供三寶，
不變淨剎能投生。
供燈能獲身莊嚴，
來世復得天眼通。

承事僧伽作布施，
來世生爲大君王。

田地穀物作布施，
能享善趣淨土增上樂。

孝順父母離誹謗，
來世必生於善趣。

施糧得壽膚質妙，
力壯財食皆豐饒。

施飲諸根得俱全，
渴時能得飲美漿。

施衣膚貌得美相，
世世能著上妙裝。

施馬能得四神足，
欲前往處如意至。

施牛體健氣色佳，
凝乳酥油等無虞。

施食給予大蟻丘，
投生大國之君主。

法布施得天眼通，
憶得前世速成佛。

修繕船舶路橋樑，
世世常樂得敬重。

建造身語意所依聖物，
壽命福德同增長，
此生得樂終證果。

頂禮繞行作供養，
投生轉輪之聖王，
量等身下微塵數。

嘛呢心咒①常誦持，
離於疾病憶前世，

臨終投生極樂剎。
若具大悲得長壽，
於法道上能進展，
不住涅槃成眾師。
願聞此頌善男女，
勤修善德速成佛。

——摘自夏嘎巴大師自傳

①觀世音菩薩心咒為「嗡嘛呢叭咩吽」。

金剛乘見地

吽

本覺菩提心之三根本，༔
不在他處乃與我無別。༔
其中具足勝者諸壇城，༔
本初無造作中本然證。༔

嗡 啊 吽 咕嚕 迭瓦 達基尼 薩兒瓦 薩麻亞 薩特凡 菩提企塔 嘉那 啊

——蓮花生大士伏藏法《遣除道障》

頗瓦祈請文

噯瑪吙！

至極善妙怙主阿彌陀，

大悲觀音大力金剛手，

至誠一心祈請賜加持；

頗瓦甚深道能得自在。

自他臨終之際來到時，

加持此心轉生極樂剎。

——南卻・明珠・多傑伏藏法

離於四種執著

若執今生非行者，
若執輪迴無出離，
若執己利無覺心，
若具執著無見地。

——文殊師利菩薩顯現於薩迦班智達之淨相中所作的開示

緣起性空

輪涅自性不具微塵之實有，
因果相依緣起眞實而不衰。
兩者互不牴觸實乃相依止，
祈願吾等能解龍樹之密意。

——宗喀巴大師

明心見性

觀者覺性中休息，
有一清晰之空性，
無色無可指為實。
不起念頭「此空也！」
當下明心得見性。

——秋吉・林巴尊者

聖賢十一相

嫉妒我慢得削減，是聖賢之相。
少欲知足過活可，是聖賢之相。
浮誇傲慢自大無，是聖賢之相。
虛僞陽奉陰違無，是聖賢之相。
正知檢視正念行，是聖賢之相。
如護雙眼循因果，是聖賢之相。
無欺守戒三昧耶，是聖賢之相。
於眾無矯不偏私，是聖賢之相。
寬待惡者不瞋怒，是聖賢之相。
勝予他人敗留己，是聖賢之相。
所思所行異世人，是聖賢之相。
此爲聖賢十一相，若相違則非聖賢。

——岡波巴大師《勝道寶鬘》

大圓滿祖師

彼時，世間唯有共乘❷法教，由吉祥金剛薩埵心間化現極喜金剛，來到印度五百名班智達面前，開口說道：

「我有一法勝過諸位的八乘，它比大手印雙運見地更為勝妙。朝聞法即朝得證，夕聞法則夕得證，是諸見地之精要，諸佛陀之了證，諸法乘之巔峰，所謂真實勝義之法，名為『聖大圓滿』是也。」

五百位班智達當時並不理解他的話語，於是安排辯經大會。他們在金剛座前，針對九乘次第進行整整三個月的辯論。

「阿底」是梵文。在藏文中，代表「無生自有」之意。「瑜伽」則具有修持「相應於實相」之意。雙方在辯論至此乘（阿底瑜伽）❸時，五百位班智達是以妙吉祥友大師為首。

妙吉祥友說道：「在場的班智達恐怕都無法在見地上勝過他。不如就由我來辯論吧！若是我贏了，你們便刺穿他的舌頭，將他驅逐出境，因爲他乃魔羅所現。若是他贏了，我將無法承受詆毀無上果乘的果報，爲了表示懺悔，你們應該在他面前以利刃割斷我的舌頭，隨後所有人則必須欣然採納他的教義。」

他們在向三寶祈請後，便開始辯論，最後，極喜金剛贏得勝利。妙吉祥友大師慚愧地說出這番話：

不知廣大本具自性爲見地，
卻因耽著所縛，說覺受空性無二，
自生大圓滿中吾人作懺悔。

❷共乘指相對於金剛乘之大乘與小乘。
❸阿底瑜伽即大圓滿法教，為九乘之最高次第（見詞彙解釋）。

不知無所參照緣境爲禪修，
卻以心意造作迎拒入歧途，
自現覺性境中吾人作懺悔。

不知離於貪愛執著爲行止，
卻於法道耽著取捨受繫縛，
離執瑜伽行中吾人作懺悔。

不知本基自身即爲果，
卻於外而尋求如寶之功德，
本具圓滿智中吾人作懺悔。

不知極喜金剛乃爲化身佛，

將汝視爲外道之魔作駁斥，
三身無別境中吾人作懺悔。

言畢，立刻舉起利刃置於舌根，卻被極喜金剛一把抓住利刃而扔至一旁，說道：

妙吉祥友莫斷汝舌根。
反之應當持舉我教導。
汝於大圓滿義無減損，
反而使其見地更清晰。
持續修於大圓滿自性，
當可離於諸異熟過患。

——極喜金剛尊者與妙吉祥友大師，出自《圓滿之泉》

福德迴向

以此善德迴向遍虛空有情眾生，
離於無始所造惡行過患與習性，
離於一切迷妄假名安立而無餘，
普願識得自身周遍本空本面目。

——第十六世大寶法王噶瑪巴・讓炯・日佩・多傑

萬法之源

無根無基汝心性，
乃爲萬法之根基。

唯此心爲一切種，
輪涅諸法由之現。

——《秘密藏續》

——印度偉大上師薩惹哈尊者

諸佛與有情

煩惱之網所遮，謂之「有情」，
離於諸般熱惱，謂之「佛」。

——龍樹菩薩

了悟之法

若欲識得離言本具智，
唯藉修持積資與淨障，
以及了證上師加持力，
當知若依他法皆迷妄。

——《大息河續》

吉祥頌

願具眞實覺醒之吉祥，ꕥ
此覺醒與任運智無別，ꕥ
其乃不變本具之自性，ꕥ
恆常堅固金剛之所在。ꕥ

——蓮花生大士

中陰聽聞得度

中陰無修成佛六妙法偈頌。

我將於此為臨終者講解聽聞得度之甚深含義。在三個中陰階段裡，首先為臨終中陰。善男子、善女人，且莫散亂，應當一心專注而正念聆聽。世間一切顯相，都為魔羅所施展的如夢假象。一切無常法終將走向消亡。善男子、善女人，捨棄痛苦吧！白相、紅相、黑相的體驗，都是你自心的幻化，那些顯相無異於你自己。因此，不要害怕、不要驚慌。

現在的你看來正逐漸失去意識。外在的顯相有如破曉的天空，內在的體驗好比瓶中點燃的一盞油燈。一心安住於無念的明性中。此臨終光明即是佛性；自然安住，不造作、不扭曲。善男子、善女人，你將因而獲得法身解脫。

要以愉悅、清晰的口吻為臨終者唸誦這段導引。上等根器者將藉此獲得解脫。接下來是第二階段——法性中陰。

善男子、善女人，且莫散亂，應當一心專注而正念聆聽。先前，你未能認出覺性。在接下來的七天裡，一切體驗都將生起爲彩虹、光明、光芒、圓點和本尊身相。這些都是五方佛的方便與智慧所幻化。不要因這些絢爛的色彩與光明而驚嚇或恐懼，而要抉擇爲自心的展現。

在這些光明出現的同時，也會出現黯淡之光而吸引你的心，切莫加以貪戀。它們是五毒煩惱的自現，將引領你進入輪迴。你的體驗將生起爲清淨之道與不淨之道，切莫錯失選擇正確之道的機會。

五方佛父與佛母的心輪，將散發出光明而直射你的眼睛。那是金剛薩埵的勝妙、直達之道。應當平靜安住在覺性中，並祈禱「請您慈悲眷顧我！」要以熱切渴求之心作祈請。在對一切既不排斥亦不執取的不迎不拒中，安住於諸本尊顯相與自己無別的境界。此時，當本尊一一相融時，你將獲得報身解脫。

善男子、善女人，且諦聽！若你此刻尚未解脫，當知現象雖有變化，時間卻無變化。這個時候，在四方四隅、上下各處轟隆作響的團團火焰與虹彩中，有一尊吉祥至尊嘿魯嘎。祂的本尊諸眾與長相怖畏的隨侍，都如雨滂沱地降下鋒利的兵器、吽字、呸字與大笑。如此廣大多樣的火紅異象，使得三千大千世界皆爲之震動。

且莫害怕驚慌，要認識到這一切皆爲自身覺性的展現。於此之中穩固安住，並與本然境界相融無別而休息。在進入此道之後，你將獲得解脫。

如此，中等根器者將因而解脫。第三階段為受生中陰，此時要對亡者說：

善男子、善女人，且諦聽。保持正念，不要散亂。此刻你的身體是由氣與心所組成，周邊將生起受生中陰的顯相。你知道自己已經死亡，卻一心想要活著。你被死主閻羅恐怖的鬼卒所箝制，還顯現駭人的聲音與陡峭的狹道，伴隨著許多確定與不確定的徵兆。這一切都是由你的心所化現，就像天空一樣究竟爲空。要知道，虛空無法傷害虛空。因此，要生起不依緣的信心。

這些經過聖化的燒施物，是取之不盡的薈供，是藉由聽聞而能無垢解脫之食。加以取用，並勿貪求投生，而要一心嚮往你的本尊與上師。

在你的西方，是阿彌陀佛所在的極樂剎土，無論誰憶念祂的名號，就能投生該處。

你也一樣，而在你憶念祂的名號時，應該生起虔敬而祈禱，想著「觀音菩薩與蓮師，懇請眷顧庇佑我！」內心毫不懷疑，並隨著任運金剛之躍而動，你將神妙而迅速地投生在該淨土的蓮花蕊心當中。因此，善男子、善女人，務必歡欣、喜悅地生起虔敬。

下等根器者將藉此方式解脫。若非如此，一旦將要再次受生，以下是解脫之道：

善男子、善女人，且諦聽。既然你並未使胎門關閉。那麼當你看到木頭、洞穴、暗處、樹林或宮殿時，要捨棄貪愛與耽著，下定決心要投生於人間，特別是投生到西藏②的上師所在之處。

觀想你未來的父母都來自佛法家庭，且爲蓮師和祂的明妃，生長在一個信仰佛法的家庭。放下貪愛與瞋恨，具足信心而入於禪定，並讓自身成爲承載甚深佛法的法器，如此，你將迅速獲得智慧。

②此伏藏法為距今一百五十年前所寫，若以今日而言，此發願所指應為任何金剛乘法教所及之處。

透過這個口訣的次第導引，無論一個人的根器如何下等，也必定能在七次受生當中獲得解脫。

最後以迴向及祈願作為結行，並安住於諸法清淨自性的本然境界中。

此乃透過聽聞而無修得度之甚深口訣。

——蓮花生大士，口訣精要

無散無修

眾生之修因勤作而損，
實則根本無有可修者，
然應剎那亦不可散亂，
吾乃謂之大手印之修。

——印度大師薩惹哈尊者

大手印祈願文

聽聞教證解脫無知障，
思維竅訣摧毀猶疑闇，
修慧光明如實照實相，
願此三慧光明得增廣。

再再觀此無可觀之心，
如實了然見所不見義，
願斷是非義理猶疑心，
自然識得無迷本面目。

難忍大悲妙力無礙悲，

同時體性空義赤裸現，
雙運無有歧途此勝道，
願能不相分離日夜修。

——第三世大寶法王噶瑪巴·讓炯·多傑，
摘自其著作《了義大手印祈願文》[2]

[2] 本段藏文中譯感謝譯者敦珠貝瑪南嘉同意引用。英文中譯如下：
聞學經典作理證，吾等得除無明蔽。思惟口訣等教誡，吾等得摧疑惑暗。
禪修所生之光明，如是闡明本然境。願此聞思修三慧，光明日益得增盛。
於此不可見之心，再再向內觀照時，實乃無有可見者，而能清晰如是見。
於其自性實無實，如此疑惑立斷時，祈願吾等皆無誤，識得自心之本性。
難忍難抑之大悲，無有阻礙而展現，於此大慈生起時，空性本質赤裸顯。
如此無上雙運道，無有錯謬之法門，祈願吾等不停歇，晝夜不斷作修持。

勝義祈願文

願我識得無造作本貌，
抉擇萬法皆此自性顯！
離於揣度獲得定解信，
願我證得立斷分別見！

——秋吉・林巴尊者《金剛橋》

知一全解

空性法身是所有成就上師之修持、三世諸佛之體悟、一切本尊之命脈、所有空行母之心血、一切護法之堡壘、經部與續部之精要，也是所有密咒與明咒之精華。它是大手印、中觀及大圓滿共同闡釋之要點，也就是直指法身與自心乃爲無別。此爲知一全解，亦爲具一即足之王，是實相的大手印。它能讓人朝時了證朝成佛、夕時了證夕成佛。它的名聲響亮、意義深廣。它指的究竟是什麼？它是讓你空而無造作的心，自然安住於任何生起的狀態。

當你的心焦躁不安而思緒不斷時，要讓你的身、語、意全然放鬆而休息。於此狀態中，仔細觀察這個忙於思考的心，同時不落入散亂。

有時，你的心只有些微的念頭活動，少到幾乎察覺不到，此時，便在清明與開放中休息，並讓自心專注於那種明晰和覺醒。

有時，當你昏沉不清或昏昏欲睡，則要不執著樂和明的覺受而休息。保持自然安住，不試圖導正任何事情。

如果你的心生起快樂或悲傷，就在這個感到快樂或悲傷的人當中安住，毫不散亂。

當你感到興奮與喜悅、受人讚揚或恭維時，不要對此感覺彷彿翱翔高空那般，以免淪爲「天子魔」的犧牲品。要低下頭來，腳踏實地，讓你的身心完全寬坦安住。

當你生病、痛苦，遭人搶奪、偷竊財物，受人辱罵、毀謗、身體受虐、落難、挨餓時，不要垂頭喪氣、臉色慘白或流淚哭泣，而要振作精神，保持笑容。

——巴楚仁波切

願文三十頌

當願自他眾生——

傳承上師加持入於心相續；

眞實了證自心本性之要義；

明心見性之如是了證於相續中增長；

成就無畏、十自在[3]；

成就見地現緣起；

具足安置一切眾生於成熟與解脫道之力；

具足在一座間行於諸道次第之力；

能以慧眼照見無緣自性之眞諦；

善德如綠葉花瓣茂盛；

果實如滿願樹般成熟；

虔敬如須彌山般堅固；
獲得定解、疑惑盡除；
業因覺醒，希求清淨；
獲得離世間垢之盔甲；
修行無礙，堅毅刻苦；
脈、氣、明點得以調柔堪能；
恆常具足清淨發心；
菩提心不退失；
體證大乘見地與修行；
二元分別心自然解脫；

3 四無所畏：一切智無所畏、漏盡無所畏、說盡苦道無所畏、說障道無所畏。十自在：命自在、心自在、資具自在、業自在、受生自在、解自在、願自在、神力自在、法自在、智自在。見《華嚴經》三十八。

生爲尊貴種姓；
獲得傳承上師攝受；
業際永不顛倒；
依三慧而修心；
領受灌頂加持；
證得如金剛之大樂；
於心識、脈、氣得自在；
以肉身證色身；
現觀法身之境；
以化身事業圓滿利益眾生。

——帕當巴．桑傑尊者

聖教一子續

迦陵頻伽宗瑜伽女之語：布達 古扎 達卡 嘎瑪那 。。
續典之藏音：**桑傑 堂介 寄謝 記補 桑哇 覺邊 薩本 吉居** 。。

頂禮自生自性界，。。
上師普賢佛父母，。。
本然界中作開示：。。

本然境中所自現
眷眾今且善諦聽。。。
唯一自生此覺智，。。
一切諸佛之獨子。。。
性空能演諸業行。。。

普賢如來佛之種。ஃ
一切生起解脫處。ஃ
唯一自生之密續，ஃ
見聞憶持能得證。ஃ
圓滿聖教一子續。ஃ
印，印，印。ஃ身印。ஃ語印。ஃ意印。ஃ

——本初佛普賢王如來，

聽聞、誦讀、憶持解脫之極簡密續

自性

心之自性本初佛，
無生無滅若天空。
若證諸法無生滅，
安住自性不尋伺。

——極喜金剛尊者，出自《圓滿之泉》

密勒日巴尊者道歌

密勒日巴尊者對巴達朋少女說：「若妳是眞心誠意想要修行佛法，按照我的法脈便無須改名，也無須落髮或換上袈裟，因爲不論出家與否，都可以成佛。」

接著他開口唱了這首道歌，以四個具義比喻來給予修心的禪修指引：

巴達朋姑娘者於此處，
有福具信女今且諦聽。

且以天空爲汝作譬喻，
無有中心邊際而禪修。

且以日月爲汝作譬喻，
無有增益減損而禪修。

且以此山爲汝作譬喻，
無有動搖變遷而禪修。

且以大海爲汝作譬喻，
無有表層基底而禪修。

且以汝之自心爲具義，
無有擔憂疑惑而禪修。

密勒日巴尊者接著教導少女關於坐姿與修心之要點，並要少女進行禪修。少女在獲得此許覺受與領會後，爲了消除內心的疑慮與障礙，她娓娓唱出這些疑問：

至尊珍寶上師請垂聽，
殊勝化身上師聽我道。

禪修一如天空誠屬易，
然於雲朵中修卻不安，
請示如何觀修空中雲。

禪修一如日月誠屬易，
然於星辰中修卻不安，
請示如何觀修天上星。

禪修一如山岳誠屬易，
然於林木中修卻不安。

請示如何觀修山中林。
禪修一如大海誠屬易，
然於波浪中修卻不安，
請示如何觀修海中浪。

依於自心禪修誠屬易，
然於念頭中修卻不安，
請示如何觀修心中念。

尊者心想：「她已獲得了禪修覺受」，感到非常高興，便唱出這首道歌來回應她的請求，以便爲其清除道障並增益覺受：

巴達朋姑娘者於此處，
有福具信女今且諦聽。
禪修一如天空誠屬易，
雲朵乃爲天空所幻現，
故應任其爲天空之狀。

禪修一如日月誠屬易，
星辰乃爲日月所幻現，
故應任其爲日月之狀。

禪修一如山岳誠屬易，
林木乃爲山岳所幻現，
故應任其爲山岳之狀。

禪修一如大海誠屬易，
波浪乃爲大海所幻現，
故應任其爲大海之狀。

依於汝心禪修誠屬易，
念頭乃爲汝心所幻現，
故應任其爲汝心之狀。

少女遵照指示修持，並於自心本然無緣自性獲得定解。最後，在悠揚樂聲的伴隨下，以肉身之姿往生空行淨土。

——摘自《密勒日巴十萬道歌》

吉祥頌

顯赫絕倫無上佛世尊，
尊勝眞諦之日爲加持，
息滅魔羅作障之害敵，
祈願晝夜六時恆吉祥。

卓越最勝無緣自性法，
眞諦佛法甘露爲加持，
息滅五毒熱惱之怨敵，
祈願晝夜六時恆吉祥。

殊勝威光功德聖僧伽，

眞實利生佛子行加持，
惡行過患除而善德增，
祈願晝夜六時恆吉祥。

受用無死壽命之昌榮，
般若與闍那波羅蜜多，
輪涅一切昌榮與財富，
祈願一切吉祥任運顯。

祈願福德增長如山王，
祈願盛名遠揚遍虛空，
祈願任運利生長住世，
祈願如海功德恆吉祥。

祈願此處晝夜恆安樂，
祈願日中正午恆安樂，
祈願每日旦夕恆安樂，
祈願三寶吉祥恆長存。

——傳統誦文

虛空與覺性

法界難思赤裸之境中，
離言覺性不散亂而住。
念頭若起，生滅皆於汝。
無有更勝此之見、修、訣。

——西藏祖師與大譯師，毘盧遮那大師

解脫

解脫法門今已示，
度脫在己當精進。

——釋迦牟尼佛《律經》

局美多傑遺教

顯爲本尊，聲咒，覺法身，
佛身、智慧遊舞極浩瀚，
願由實修深密大瑜伽，
無別意明點中證一味。

——德達・林巴・局美・多傑仁波切，

金剛乘行者於大眾座修結束前經常念誦此文，
提醒自己應於座間保持威儀[4]

[4] 本段藏文中譯感謝譯者敦珠貝瑪南嘉同意引用。英文中譯如下：色、聲、覺於本尊、咒語、法身境，無邊相融為佛身、智之展現，甚深秘密摩訶瑜伽修持中，乃與覺心無二明點為一味。

福德迴向

願以此福證得遍知果，
復能勝伏諸過之敵眾，
生老病死大海翻湧間，
一切眾生皆能得解脫。

5 本段藏文中譯感謝譯者敦珠貝瑪南嘉同意引用。

詞彙解釋

༔此標記用來表示伏藏法（由蓮花生大士親自書寫並予以封藏），有封印、保護之意。

【一劃】

一味（One Taste）：洞悉一切現象、體驗內容皆同等如幻且無實。

【二劃】

二資糧（Two Accumulations）：福德資糧和智慧資糧。

二菩提心（Twofold Awakened Mind 或 Twofold Bodhichitta）：願菩提心與行菩提心。願菩提心是發願爲了利益一切有情眾生而希求獲得證悟，其中包含慈、悲、喜、捨四無量心。行菩提心則爲行持六度波羅蜜多。

七珍寶（Seven Precious Substances）：紅寶石、藍寶石、青金石、祖母綠、鑽石、珍珠和珊瑚，有時也包括金、銀與水晶。

八正道（Eightfold Noble Path）：佛道之八種層面：正見、正思惟、正語、正業、正命、正精進、正念、正定。

九乘次第（Nine Gradual Vehicles）：九個修行法道次第，分別爲聲聞（Shravaka）、緣覺（Pratyekabuddha）、菩薩（Bodhisattva）、事部（Kriya）、行部（Upa）、瑜伽部（Yoga）、大瑜伽部（Maha Yoga，音譯：摩訶瑜伽）、無比瑜伽部（Anu Yoga，音譯：阿努瑜伽）和無上瑜伽部（Ati Yoga，音譯：阿底瑜伽）。前兩乘屬於小乘法教，第三乘爲大乘，隨後三乘爲三外密，最後三乘爲三內密。

十自在（Ten Powers）：佛所具有的殊勝威能。

十法行（Ten Spiritual Practices）：書寫經典、供養、施他、諦聽、記憶、閱讀、宣說、持誦、思惟與修習正法。

【三劃】

三摩地（Samadhi）：心不散亂而專注，於金剛乘修行中可指生起次第或圓滿次第。

三昧耶（Samaya）：神聖的連結或誓言。

三身（Three Kayas）：三身之第一身爲法身，法身無相如虛空，爲證悟功德之「身」。報身（三身之第二身）爲「圓滿受用身」，於佛果五身中，報身爲具有上師圓滿、眷屬圓滿、處所圓滿、教法圓滿、時間圓滿等五圓滿（或稱：五決定）的半顯現相之佛，唯有菩薩才能親見。化身爲「變化身」或「應化身」，爲三身之第三身，是凡夫所能看到的證悟層面。

三慧（Three Kinds of Knowledge）：透過聽聞、思惟、實修法教所獲得的理解和洞見。（譯註：

分別爲聞所得慧、思所得慧、修所得慧。）

三律儀（Three Precepts）：包含小乘之別解脫戒，大乘之菩薩學處，以及持明、密續行者所遵守之金剛乘三昧耶戒。

三根本（Three Roots）：上師、本尊、空行。上師爲加持之根本，本尊爲成就之根本，空行爲事業之根本。

三輪（Three Spheres）：主體（作者）、客體（受者）、行爲（所作）此三者的分別概念。例如，禪修時，心可能持有的三種概念爲：禪修者、禪修之對境與禪修之行爲。

三藏（Tripitaka）：釋迦牟尼佛所開示的三大類法教：律藏、經藏、論藏。三藏之目的在於培養戒、定、慧三種修學，目的在於對治貪、瞋、癡三毒。藏文的三藏超過一百多函，每函厚達六百多頁。廣義而言，所有顯密佛法，都包含在三藏和〔戒、定、慧〕三學之中。

上師瑜伽（Guru Yoga）：領受來自證悟者之心意加持，並與之融合爲一的修持法門，爲大手印與大圓滿法的前行修持之一。

上座部（Theravada）：東南亞主流的佛教派別，傳承源於佛陀的早期弟子。

下三道（Three Lower Realms）：地獄道、餓鬼道、旁生道。

大圓滿（Great Perfection）：藏音「佐欽」之意譯。

大手印（Mahamudra）：梵文字面含義爲「大印」。了悟自心本性的直接修持。大手印法教體系爲金剛乘噶舉、格魯與薩迦三派的基本修行見地。大手印法教的特色在於以直接、簡單的方式令行者認識到其自心本性，乃與諸佛的證悟境界無二無別，修持的重點則在於保持在如此的境界中，直到能毫無間斷地持續安住。

大菩薩（Mahasattva）：大士（聖者）。

大成就者（Mahasiddha）：了悟的密續行者。

大乘（Mahayana）：梵文字面含義爲「大船舫」。以菩薩爲修行典範，致力於救度眾生脫離輪迴苦難之修行法道。

大人相與隨形好（Major and Minor Marks）：三十二大人相與八十隨形好，爲化身佛與報身佛身相之圓滿表徵。

小乘（Hinayana）：專注於觀修四聖諦與十二緣起法之修行法乘。

【四劃】

五毒（Five Poisons）：貪、瞋、癡、慢、嫉。

五明（Five Topics of Knowledge）：聲明（語言）、因明（邏輯辯證）、醫方明（醫藥）、工巧明（藝術工藝）及內明（佛學哲理）。

六道眾生（Six Classes of Sentient Beings）：天道、阿修羅道、人道、旁生道、餓鬼道、地獄道的眾生。

六識聚（Six Collections）：五種根識（譯註：眼識、耳識、鼻識、舌識、身識）及意識。六識聚涵蓋了所有凡俗體驗。

中陰、中有（Bardo）：中間狀態，通常指介於死亡與再次投生之中間狀態。

中道、中觀（Middle Way）：佛法的主要見地，實相離於任何我們所加諸的概念邊見。

方便與智慧（Means and Knowledge）：佛果是透過方便與智慧雙運而成。大乘法教的方便與智慧爲悲心與空性，金剛乘則是指生起次第與圓滿次第。

【五劃】

四聖諦（Four Noble Truths）：苦諦、集諦、道諦、滅諦。此四聖諦爲釋迦牟尼佛所開示之最根本教義。

四根本戒（Four Roots）：不殺生、不偷盜、不邪淫、不妄語。

本尊（Deity）：在「本尊、咒語和三摩地」的脈絡中，指的是我們所見的一切現象均非實有，故而與空性無別。金剛乘行者爲了讓自己熏習此實相，而觀想本尊以虹光顯現。

本尊（Yidam Deity）：所觀想的佛〔與菩薩〕。

生起次第（Development Stage）：修習將世間、聲音與眾生感知爲清淨及神聖，亦即將所見、所聞與所想分別視爲本尊、咒語及三摩地。須經灌頂方能修持。

【六劃】

如來（Tathagata）：字面意義爲「如是前來」或「如是往去」，佛陀名號之一。

伏藏（Terma）：以各種形式埋藏起來的寶藏，包括文本、儀式所依物、舍利等。

色身（Form Bodies，梵：rupakaya）：包括化身與報身。

光明（Luminosity）：「離於無明的黑暗，具有了知的能力」。可指「空之光明」（empty luminosity），形容心性覺醒的功德有如廣大無雲的天空；或指「境界光明」（manifest luminosity），則爲〔清晰見到〕五色之光、相、本尊等〔境界〕。

成就法、儀軌（Sadhana）：修持，尤指內含本尊觀修之法，例如金剛薩埵等。

成就、悉地（Siddhi）：特殊力量或成就。無上成就爲證悟。

【七劃】

佐欽（Dzogchen）：或稱「大圓滿」「無上瑜伽」。舊譯寧瑪派的最高法教。可參考「大手印」一詞。

佛國、剎土、淨土（Buddhafield）：圓滿正等覺之佛所化現的淨土，其他眾生能透過發願往生該淨土以便迅速獲得證悟。

佛塔、舍利塔（Stupa）：供奉佛陀或成就大師之舍利子的圓頂紀念塔。佛塔造型體現了精巧的象徵性意涵。

別解脫（Individual Liberation）：一系列規範出家眾與在家眾之律儀。佛法修行的基本道德準則，爲所有佛法修行的共同基礎。

【八劃】

阿彌陀佛（Amitabha）：極樂淨土的主尊，身爲紅色，披著袈裟，結禪定姿。

阿修羅（Asura）：六道有情眾生之一。其居住之處能看到天神，因而總是受到嫉妒與爭鬥之心所折磨。

空行母（Dakini）：成就佛行事業者，密續中守護佛法與行者的女性本尊，爲三根本之一。

法輪（Dharma Wheel）：釋迦牟尼佛所宣說的一系列法教，其法教可分爲三大階段，因而有「三轉法輪」之說。「轉法輪」是用來指稱給予法教的涵雅表述。

法界（Dharmadhatu）：現象之界，性空與緣起兩者無別之基本自性，常譯爲「本初虛空」，爲一切體驗開展之處。

法身（Dharmakaya）：證悟功德之「身」。此爲證悟意的層面，非造作、非和合、無變異、空性、覺醒，常爲三身中之第一身。

法（Dharmas）：現象，心意對境，經驗之構成元素。

金剛、金剛杵（Vajra）：梵文字面含義爲「鑽石」或「石中之尊」。若作爲形容詞（例如：金剛身、金剛語、金剛意），則表示不可摧、無能勝、堅固等意思。世俗層面之金剛爲法會上所使用的法器——杵。勝義層面之金剛指的是空性。

金剛上師（Vajra Master）：精通金剛乘儀式與含義的密續上師，也可指授予密續法教與灌頂的上師，或單指主持密續儀式的上師。

金剛持、金剛總持（Vajradhara）：梵文字面含義爲「持金剛者」，法身佛，也可指金剛乘行者的上師，或涵攝一切的佛性。

金剛薩埵（Vajrasattva）：淨化之佛，爲諸佛的體現。

金剛乘（Vajrayana）：以果爲道的修持。參考「密咒」與「續部」。

【九劃】

界（Dhatu）：要素或構成元素。

前行、加行（Preliminary Practices，藏：ngöndro）：外共前行爲「轉心四思量」，㈠思惟人身難得，㈡觀死無常，㈢業力因果，㈣輪迴過患。內不共前行爲㈠皈依與發菩提心，㈡金剛薩埵持誦，㈢獻曼達，㈣上師瑜伽。以上每種修行皆須圓滿十萬遍。前行之於佛法修行，就像蓋房子須先打地基，種田須先整地一樣必要。

香巴拉（Shambhala）：位於這個世間的勝妙正法國度。

【十劃】

脈、氣、明點（Channels, Energies, and Essences）：金剛身的組成元素。人體內共有七萬兩千個脈（梵：nadis）與四千萬個支脈。在這些脈當中流動的，是兩萬一千六百個氣（梵：pranas）。連接脈與氣的，則是散佈在其中的紅、白明點（梵：bindus）。這三種元素爲構成身、語、意的微細基礎。

涅槃（Nirvana）：滅盡輪迴存有之因。小乘行者所證悟的涅槃爲超越生死輪迴的解脫，屬於較低層次的涅槃。佛陀所證悟的涅槃，既不落入輪迴存有之邊、亦不落入消極寂滅狀態之邊，是廣大而無所住的證悟境界。

班智達（Pandita）：古印度時期賦予學識淵博之上師、學者、佛學教授的頭銜。

般若波羅蜜多（Prajnaparamita）：超越各種分別概念的出世智慧。

根本上師（Root Guru）：爲弟子直指心性之上師。

【十一劃】

乾闥婆（Gandharvas）：天神之一，擅長演奏美妙音樂。

密咒（Secret Mantra）：金剛乘或密續同義詞。「密」有隱藏、自密之意。「咒」在此可表示「尊貴、超絕、值得讚頌」或「護心者」。

【十二劃】

無上瑜伽、阿底瑜伽（Ati Yoga）：藏傳佛教舊譯派六部密續之最高層次。「阿底」指圓滿與不費力（無勤作）。教導行者藉由熏習本初證悟自性之觀而可獲得解脫，常爲大圓滿之同義詞。

菩提心（Bodhichitta）：發願爲利益一切眾生而證悟之心。

菩薩（Bodhisattva）：以菩提心發願爲利益一切有情眾生而證悟的大乘行者。

須彌山（Mount Sumeru）：世界的軸心。此山位於大千世界中央，四周有較低山脈、湖泊、陸地與海洋圍繞。

普賢（Samantabhadra）：梵文意思爲「普遍賢善」。可指㈠本初法身佛〔普賢王如來〕，或㈡普賢菩薩，常以後者〔普賢供養雲〕作爲觀想供品增長無邊無量而使之圓滿的典範。

善逝藏（Sugata Essence）：佛性的別稱，有情眾生與生俱來的證悟體性。

勝者、人中尊（Victorious One）：諸佛及如來。

【十三劃】

奧明淨土（Akanishtha）：至高或極細微之證悟境界的剎土。

圓滿次第（Completion Stage）：通常指安住於無有造作之心性中。

暇滿（Freedom and Riches）：構成能夠修行正法之人身的閒暇與圓滿要件，用來形容殊勝人身。

極樂世界（Sukhavati）：阿彌陀佛的淨土，諸佛一致讚揚爲輪迴以外最容易投生的淨土。

經部（Sutra）：㈠佛陀親口宣說或受佛陀加持而宣說的法教。㈡三藏中之經藏。㈢包含小乘與大乘在內的一切顯乘法教，視修道爲證悟之因的因地法教，有別於密乘〔的果地〕法教。

【十四劃】

蓋障、遮障（Obscurations）：指煩惱與分別念之遮蔽，能遮蓋一個人的佛性，阻礙其圓滿證悟。

頗瓦、遷識（Phowa）：臨終修行法門，在吐出最後一口氣時，一心虔敬憶念阿彌陀佛，並對一切有情眾生懷持悲心。

僧伽、僧團（Sangha）：佛法修行眾，尤指不再受煩惱侵逼之聖者。

【十五劃】

調御丈夫（Conquerers）：證悟之佛的別稱，指能調和、制御一切不善之因。

蓮花生大士（Guru Rinpoche）：藏音「咕嚕仁波切」，字面含義爲「珍寶上師」。九世紀時，蓮花生大士於西藏建立了佛教，並在西藏、尼泊爾與不丹等地埋藏了無數法教，以便於後世由其所授記的弟子開啓。另有「貝瑪桑巴哇」（梵：Padmasambhava，從蓮花誕生）或「貝瑪卡惹」（梵：Padmakara，源自於蓮花）之稱。

嘿魯嘎（Heruka）：現忿怒相之證悟本尊，代表無明與我執滅盡後之證悟狀態。

輪迴（Samsara）：循環往復的存有。於六道中不斷出生、死亡與受生的惡性循環，其特徵爲痛苦、無常與無明。輪迴爲世間所有受制於無明、二元取相、業力及五毒煩惱之凡俗有情眾生所經歷的狀態。輪迴一詞亦指世間實相，因業果所致挫敗與痛苦的無盡循環。

輪迴三界（Three Realms of Samsara）：欲界、色界、無色界，涵蓋了輪迴存有的一切。

【十六劃】

噯瑪吙（Emaho）：表示讚歎與驚奇之感嘆詞。

【十七劃】

聲聞（Shravaka）：聽者或聞者。修持佛陀初轉法輪所說四聖諦的小乘行者。

【十八劃】

轉心四思量（Four Mind-Changings）：思量㈠暇滿人身之殊勝難得。㈡無常與死亡。㈢因果業力法則。㈣輪迴之痛苦。透過思惟這四個生命實相，能使人由內改變，從關注世間的無義追求，轉而以佛法修行爲目的。

【二十劃】

蘊、聚（Aggregates）：構成有情眾生之五種身心要素：色蘊、受蘊、想蘊、行蘊、識蘊。

覺心（Awakened Mind）：發願爲利益一切眾生而證悟之心，等同「菩提心」。

蘊（Skandha）：許多元素的積聚或組合。參考「蘊、聚」一詞。

【二十一劃】

護法（Dharma Protector）：誓言保護佛陀教法及其信眾者。護法可爲仍於世間之具善者，或已達證悟之諸佛菩薩。

灌頂（Empowerment）：賦予實修金剛乘法教之授權儀式，爲密法修行之入門要件。

魔羅（Mara）：對修行或證悟造成障礙的魔祟或魔怨力。對佛法修行者而言，魔羅象徵一個人的我執，以及被世間八法所羈絆。

續部（Tantra）：佛陀以報身相宣說的金剛乘法教，可指整體金剛乘的果地法教。

【二十五劃】

觀世音、觀自在菩薩（Avalokiteshvara）：大悲之菩薩，經常被描繪爲四臂、白身。

內容出處

【四劃】

巴拉瓦（Barawa，西元一三一〇至一三九一年）：竹巴噶舉祖師之一。

巴楚仁波切（Patrul Rinpoche）：十九世紀西藏不分宗派之重要上師與學者。巴楚仁波切不僅因學識淵博而聞名，也因身為出離與悲心的典範而著稱，最重要之著作包括《普賢上師言教》，以及講述大圓滿概要之《椎擊三要》。

文殊師利（Manjushri，意譯：妙吉祥）：釋迦牟尼佛八大菩薩弟子之一，為般若波羅蜜多之體現。

【五劃】

本嘎・蔣巴・桑波（Pengarwa Jampal Sangpo）：噶舉傳承之早期上師。

【六劃】

竹旺・措尼（Drubwang Tsoknyi，西元一八四九至一九〇四年）：西藏東部囊謙地區的大師。主要兩位上師為飛行瑜伽士確嘉・多傑（Chogyal Dorje）與秋吉・林巴，名下領導尼院多達五百多座。

吉美．林巴（Jigmey Lingpa，西元一七二九至一七九八年）：心髓（寧體）傳承的大師，一生共有三次親見龍欽巴的淨相，並得以直接從其領受傳承法教，世人稱爲《龍欽寧體》。吉美．林巴彙編了許多寧瑪派密續，其直接轉世有蔣揚．欽哲．旺波、巴楚仁波切和多．欽哲．耶謝．多傑三人。

【七劃】

杜松．虔巴（Düsum Khyenpa，西元一一一〇至一一九三年）：第一世噶瑪巴，岡波巴的大弟子之一。

妙吉祥友（Manjushrimitra）：印度大圓滿傳承大師，極喜金剛之弟子。

那若巴（Naropa）：印度大成就者帝洛巴之上首弟子，噶舉傳承馬爾巴之上師。關於那若巴之更多資訊可參考《智慧之雨》（*Rain of Wisdom*，暫譯）及《譯師馬爾巴傳》（*The Life of Marpa the Translator*，暫譯）（英譯本皆由香巴拉出版社發行）。

赤松．德贊（Trisong Deutsen，西元七九〇至八四四年）：西藏第二位偉大法王，在位期間延請蓮師、寂護、無垢友等許多佛教導師入藏弘法。十七歲掌握實權後，建立了以印度飛行寺（梵：Odantapuri）爲範本的大型寺院與佛學院——桑耶寺，將佛教定爲西藏國教。統治期間，首批西藏受戒僧團產生，並安排學者及譯師將無數佛教經典翻譯爲藏文，廣建學院與關房。近代的轉世化身有釀・惹・尼瑪・沃瑟（西元一一二四至一一九二年）、咕嚕・卻旺（西元一二一二至一二七〇年）、吉美・林巴（西元一七二九至一七九八年）和蔣揚・欽・哲旺波（西元一八二〇至一八九二年）。

【八劃】

阿底峽（Atisha）：十一世紀印度超戒寺的大學者（班智達），人生最後十二年皆於西藏弘法。藏傳佛教噶當派之創始人，法號燃燈吉祥智（梵：Dipamkara Shrijnana）。

直貢・覺巴（Drikung Kyobpa，西元一一四三至一二一七年）：直貢噶舉之創派祖師（譯註：吉天・頌恭的尊稱）。

宗薩・欽哲・確吉・羅卓（Dzongsar Khyentse Chökyi Lodrö，西元一八九三至一九五九年）：倡導利美（不分宗派）運動的偉大上師，爲頂果・欽哲仁波切兩位主要根本上師之一。

宗喀巴（Tsongkhapa，西元一三五七至一四一九年）：十五世紀的傑出學者，格魯派之創始者。

岡波巴（Gampopa，西元一〇七九至一一五三年）：密勒日巴的首要弟子，《解脫莊嚴寶論》的作者。於三十二歲時值遇密勒日巴尊者，主要弟子有第一世噶瑪巴・杜松・虔巴和帕莫竹巴。

怙主敦珠仁波切（Kyabje Dudjom Rinpoche）：參見「敦珠仁波切・吉札・耶謝・多傑」一則。

帕當巴・桑傑（Phadampa Sangye）：印度大成就者，一生共造訪藏地五次，最後一次爲西元一〇九八年，當時在藏地傳授了息法（音譯：希解），其於藏地的上首弟子爲瑜伽女瑪姬・拉準。

芬陀利迦（Pundarika）：香巴拉王國第二任君主。

松贊・干布（Songtsen Gampo）：七世紀的西藏君主，爲藏地佛法奠下根基，世人視爲觀世音菩薩之化身。迎娶尼泊爾赤尊公主和中國文成公主，兩者各帶一尊釋迦牟尼佛像到拉薩（譯註：前者爲八歲等身像，後者爲十二歲等身像）。松贊干布在西藏建立了第一座佛教寺院，並根據佛法訂定一系列律法，命其大臣吞彌桑布札創立了藏文書寫系統。在其統治期間，開啓了佛教文本的藏譯事業。

【九劃】

秋吉・林巴（Chokgyur Lingpa，西元一八二九至一八七〇年）：擁有淨相並開啓伏藏法的取藏師，是西藏史上的伏藏王之一，其伏藏法廣受噶舉派與寧瑪派行者所修持。生平詳述可參考自生智出版社（Rangjung Yeshe Publications）所發行之《秋吉林巴生平與法教》（*The Life and Teachings of Chokgyur Lingpa*，暫譯）。「秋吉林巴」爲「尊貴聖殿」之意。

南卻・明珠・多傑（Namchö Mingyur Dorje，西元一六四五至一六六七年）：伏藏師，南卻（天法）傳承的行者。

帝洛巴（Tilopa，西元九八八至一〇六九年）：印度大成就者，那若巴之上師，藏傳噶舉派祖師。

毗盧遮那（Vairotsana，八世紀）：赤松．德贊王統治期間之大譯師。西藏最早出家的七名僧人之一，被派往印度向師利．星哈求法。與蓮師和無垢友共同將大圓滿法教引入西藏。

耶謝．措嘉（Yeshe Tsogyal）：蓮師於藏地的首要女弟子，幾乎承接了蓮師於西藏所傳的所有法教，隨後並加以彙編整理。生平詳述可參閱《伊喜措嘉佛母傳》（橡樹林出版社，二〇一一）。

【十劃】

夏瓦日巴（Shavaripa）：印度大師，薩惹哈之上師。

師利．星哈（Shri Singha，西元八世紀）：大圓滿傳承祖師妙吉祥友之主要弟子與傳人。出生於西域于闐國之索揚城（Shokyam），追隨哈提巴拉（Hatibhala）和貝拉格底（Bhelakirti）兩位大師學習。弟子當中最傑出的四名大師爲：智經、無垢友、蓮師和西藏譯師毘盧遮那。

祖古．烏金仁波切（Tulku Urgyen Rinpoche，西元一九二〇至一九九六年）：以其甚深禪修證量而聞名，透過清晰、幽默的方式闡述佛法精髓，教學擅長「以自身體驗說法」，言簡意賅且直指心性，揭示智慧的本然離戲，使學生能夠眞正觸及證悟心之核心。著作有《彩虹丹青》（橡樹林出版社，二〇一一）等。

【十一劃】

陳那（Dignaga）：世親之弟子，五世紀時爲世親著作《阿毘達摩俱舍論》書寫論述，於量學、因明學和認識論上有重要貢獻，爲印度的量學大師（譯註：撰有著名的《集量論》）。

頂果・欽哲仁波切（Dilgo Khyentse Rinpoche，西元一九一〇至一九九一年）：藏傳佛教最重要的大師之一，四大教派一致推崇，著作等身。

第一世蔣貢・工珠仁波切（Jamgön Kongtrül the Great，西元一八一三至一八九九年）：也稱羅卓・泰耶，十九世紀最著名的佛法大師之一，致力於推崇不分宗派精神。第一世蔣貢・工珠仁波切不僅爲具有成就的大師，也是著名的學者與作家，著作典籍超過百函，其中最著名的爲《五寶藏》，包含收錄了多達六十三函由上百位大伏藏師所取出之伏藏文獻的《大寶伏藏》（*Rinchen Terdzö*）。

第十五世噶瑪巴・卡恰・多傑（Khakyab Dorje，西元一八七一至一九二二年）：傳記請參考《西藏十六世噶瑪巴的歷史》（台灣華宇出版社，一九八八）。

第二世慈克・秋林仁波切（Tsikey Chokling II，二十世紀）：秋吉・林巴之轉世，駐錫於慈克寺，祖古・烏金仁波切的上師之一。

密勒日巴（Milarepa，西元一〇四〇至一一二三年）：西藏宗教史上最傑出的瑜伽行者和詩人之一。噶瑪噶舉傳承之大部分法教皆傳自於他，生平詳述可參考《密勒日巴大師傳》（*The Life of Milarepa*）與《密勒日巴大師歌集》（*The Hundred Thousand Songs of Milarepa*）（英譯本皆由香巴拉出版社；中譯本請參見慧炬出版社，二〇〇九）。

寂護、靜命（Shantarakshita，西元八世紀）：梵文字義「寂靜的守護者」。印度超戒寺學者與住持，入藏後於桑耶寺爲第一批西藏僧團授戒，並融合唯識與中觀而創建了新學派（譯註：「隨瑜伽行中觀派」），此學派後來由米滂仁波切在其著作《中觀莊嚴論疏》中重新整理與釋疑。

寂天（Shantideva）：七世紀印度那蘭陀大學之佛教大師，被視爲八十四大成就者之一，《入菩薩行論》作者，英譯本由香巴拉出版社發行。

【十二劃】

普賢王如來（Buddha Samantabhadra）：本初證悟之境，一切文武百尊壇城之顯現來處，金剛乘所有密續之究竟本源。

敦珠仁波切·吉札·耶謝·多傑（Jigdrel Yeshe Dorje, Dudjom Rinpoche，西元一九〇四至一九八七年）：大伏藏師敦珠·林巴之轉世，離開西藏而流亡後，成爲寧瑪派的最高領袖，咸認其爲當代最重要的證悟大師與學者之一。

喇嘛·夏嘎巴（Lama Shabkar，西元一七八一至一八五一年）：藏文「夏嘎」的字面含義爲「白足」，措珠讓卓（大師全名：夏嘎措珠讓卓）得此名號乃因凡其足所履及之處，皆能變得「潔白」、良善。其自傳《夏嘎巴傳》爲推薦必讀書目。

策勒・那措・讓卓（Tsele Natsok Rangdröl，西元一六〇八年生）：噶舉派與寧瑪派的重要大師，撰有《正念明鏡：中陰成就無上密法》（靈鷲山般若書坊，二〇一六）及《大手印之燈》（靈鷲山般若書坊，二〇一三）。

無垢友（Vimalamitra）：大圓滿傳承的早期祖師，師利・星哈及智經的弟子。被視為九世紀時期於西藏建立大圓滿法教的三大先驅之一。

【十三劃】

聖天、提婆（Aryadeva，前者為意譯，後者為音譯）：印度重要的佛教思想家之一，龍樹的弟子，廣泛闡述龍樹之著作。

達尼瑪（Dagnyima）：印度早期大圓滿傳承之女性上師。

達波・札西・南嘉（Dakpo Tashi Namgyal，西元一五一三至一五八七年）：噶舉派之重要上師。

極喜金剛（Garab Dorje，藏音：嘎拉多傑；梵：Surati Vajra，Prahevajra，Pramoda Vajra）：無垢受生為鄔金國公主之子，親自從金剛薩埵處領受大圓滿一切經、續與口訣教導，成為大圓滿傳承於人間的第一位祖師。在悟道成佛後，他將法教傳給包括上首弟子妙吉祥友在內的殊勝眷眾。蓮花生大士也直接從極喜金剛的智慧身領受大圓滿續部口傳。藏音「嘎拉多傑」為「不可摧之喜」的意思。

鄔金巴（Orgyenpa，西元一二三〇至一三〇九年）：嘉華果倉巴・貢波・多傑及第二世噶瑪巴・噶瑪・巴希（西元一二〇四至一二八三年）之弟子。鄔金巴曾行旅至世間淨土鄔金國而值遇金剛亥母佛尊，並從其領受殊勝口傳，為第三世噶瑪巴・讓炯・多傑之上師。

【十四劃】

瑪姬・拉準（Machig Labdrön，西元一〇三一至一一二九年）：開創斷除我執之斷法的偉大女性上師，印度大師帕當・巴桑傑之傳人與明妃。「瑪姬・拉準」意思為「佛法之唯一母燈」。

維摩詰（Vimalakirti）：釋迦牟尼佛在世時期的證悟大師與在家行者。《維摩詰所說經》是一部寓意深妙的經典，其中維摩詰向佛陀幾位大弟子說法，目前已有數個英譯本出版。

【十五劃】

確吉・尼瑪仁波切（Chökyi Nyima Rinpoche，西元一九五二年生）：已故大圓滿大師祖古烏金仁波切之長子，著有《大手印與大圓滿雙運》（眾生出版社，二〇一七）、《當下了然智慧》（橡樹林出版社，二〇一九）等，英譯本由自生智出版社發行。確吉尼瑪仁波切現為尼泊爾規模最大寺院之一的住持，該寺位於尼泊爾加德滿都博達那佛塔附近。

蔣貢・米滂仁波切（Jamgön Mipham Rinpoche，西元一八四六至一九一二年）：蔣貢・工珠、蔣揚・欽哲・旺波與巴楚仁波切之弟子。蔣貢・米滂仁波切在文殊菩薩的加持下，成為當時最偉大的學者之一，其著作文集超過三十函，上首弟子爲雪謙．嘉察．貝瑪．南嘉。米滂仁波切被視爲是文殊菩薩的直接化身。

蔣揚．欽哲．旺波（Jamyang Khyentse Wangpo，西元一八二〇至一八九二年）：藏傳佛教一致推崇的大師，利美運動的創始人。一生中除了取出許多伏藏法外，著作亦多達十函。「蔣揚」爲「柔和聲」之意；「欽哲旺波」則有「悲智尊」之意。

蓮花生大士（Padmasambhava）：八世紀時將金剛乘法教帶入藏地的神妙大師，藏人稱爲咕嚕仁波切，「珍寶上師」之意。其傳記請參考《蓮師傳》（*The Lotus-Born*，香巴拉出版社；台灣，橡樹林出版社，二〇〇九）、《蓮花生大士的生平與時代》（*Life & Times of Padmasambhava*，暫譯，雪獅出版社）。

德達．林巴．局美．多傑（Terdag Lingpa Gyurme Dorje，西元一六四六至一七一四年）：著名的寧瑪派上師，於西藏中部創建寧瑪派的重要寺院敏珠林。

【十六劃】

噶瑪．恰美（Karma Chagmey，西元一六一三至一六七八年）：寧瑪派與噶舉派的大師，留下許多與閉關實修口訣相關的著作。

龍欽巴、龍欽．冉江（Longchen Rabjam，西元一三〇八至一三六三年）：寧瑪派主要的傳承上師與作者。龍欽巴被認爲是大圓滿法教最重要的作者，其作品包括《七寶藏》、三套的三部論（譯註：《三休息》《三自解脫》《三除闇》）及對於《四心滴》（*Nyingthig Yabshi*）的釋論。關於其生平與法教的詳述，可參考祖古．東杜仁波切之著作《佛意》（*Buddha Mind*，暫譯，雪獅出版社）。

龍樹（Nagarjuna）：印度那蘭陀學院的大學者，佛教中觀宗的創始人。

【十七劃】

彌勒（Maitreya）：梵文意思爲「慈氏」，釋迦牟尼佛之補處（繼任者），在成爲此賢劫第五佛前，目前暫居兜率天。

【十八劃】

薩迦班智達（Sakya Pandita，西元一一八二至一二五一年）：薩迦五祖之一，曾代表蒙古於西藏行使政權。

薩惹哈（Saraha）：印度大成就者之一，大手印傳承上師之一，以三部金剛道歌著稱。

【十九劃】

羅日巴（Lorepa，西元一一八七至一二五〇年）：竹巴噶舉之重要上師。

【二十劃】

釋迦牟尼佛（Buddha Shakyamuni）：字面意思爲「釋迦族之賢哲」，於我們所處世界證道的佛，出生於現今尼泊爾喜馬拉雅山麓附近的藍毗尼，在印度菩提迦耶覺悟成佛、鹿野苑初轉法輪，最後於拘尸那揭羅入涅。有關佛陀生平的詳述，可參考《佛說普曜經》（梵文名：Lalitavistara，或稱《方等本起經》），英譯版由佛法出版社（Dharma Publishing）發行。

【二十四劃】

讓炯．多傑（Rangjung Dorje，西元一二八四至一三三四年）：第三世噶瑪巴，一位大成就者與大學者，因廣傳大手印及大圓滿法教，因此也被寧瑪派尊爲傳承祖師之一。

讓炯．日佩．多傑（Rangjung Rigpey Dorje，西元一九二四至一九八一年）：第十六世噶瑪巴。錫金隆德寺以及全球無數佛法中心之創立者。

推薦書目

以下爲初學與老參的佛法行者，推薦個人收藏的好書：

1. 《佛陀言教：慈悲之美》（*The Voice of the Buddha: The Beauty of Compassion*，暫譯），關德琳．貝斯（Gwendolyn Bays）英譯（柏克萊：佛法出版社，西元一九八三年）（《佛說普曜經》英譯本）。
2. 《大寶積經》（*A Treasury of Mahayana Sutras*），張澄基英譯（大學公園，賓州：賓州州立大學出版社，西元一九九七年）。
3. 岡波巴《解脫莊嚴寶論》（*The Jewel Ornament of Liberation: The Wish-Fulfilling Gem of the Noble Teachings*），堪布昆秋．嘉稱仁波切（Khenpo Konchog Gyaltsen Rinpoche）英譯（紐約州綺色佳：雪獅出版社，西元一九九八年）。
4. 《密勒日巴傳》（*The Life of Milarepa*），洛桑．彭措．拉龍巴（Lobsang P. Lhalungpa）英譯（紐約：Arkana Books，西元一九九五年；台灣：慧炬出版社，西元二〇〇九年）。
5. 達波．札西．南嘉《大手印指導教本：明現本來性》（*Clarifying the Natural State: A Principal Guidance Manual for Mahamudra*），艾瑞克．貝瑪．昆桑（Erik Pema Kunsang）英譯（博達

那：自生智出版社；中譯本請參見眾生文化出版社《直指明光心》一書內容，西元二〇一六年）。

6. 巴楚仁波切《普賢上師言教》（*The Words of My Perfect Teacher*），蓮師翻譯小組（Padmakara Translation Group）英譯（波士頓：香巴拉出版社，西元一九九八年；台灣：橡實文化，西元二〇一〇年）。

7. 龍欽・冉江《法界寶藏論》（*The Precious Treasury of the Basic Space of Phenomena*，加州章克申市：蓮花出版社，西元二〇〇二年；中譯本請參見橡樹林出版社《自性光明・法界寶藏論》一書內容，西元二〇一五年）。

8. 策勒・那措・讓卓《核心之要》（*The Heart of the Matter*；全名 *Heart Lamp: Lamp of Mahamudra and Heart of the Matter*），艾瑞克・貝瑪・昆桑英譯（博達那：自生智出版社，西元一九九六年；中譯本請參見靈鷲山般若書坊《大手印之燈》一書內容，西元二〇一三年）。

9. 寂天《入菩薩行論》（*The Way of the Bodhisattva*），蓮師翻譯小組英譯（波士頓：香巴拉出版社，西元一九九七年）。

10. 邱陽創巴仁波切《智慧之雨》（*The Rain of Wisdom*，暫譯），邱陽創巴仁波切與那蘭陀翻譯委員會英譯（波士頓：香巴拉出版社，西元一九九九年；中譯本請參見台灣解脫協會《噶舉道歌海》一書內容，西元二〇一九年）。

11. 耶謝・措嘉《蓮師傳》（*The Lotus-Born: The Life Story of Padmasambhava*），艾瑞克・貝瑪・昆桑英譯（波士頓：香巴拉出版社，西元一九九三年；台灣：橡樹林出版社，西元二〇〇九年）。

12. 祖古・烏金仁波切《彩虹丹青》（*Rainbow Painting*），艾瑞克・貝瑪・昆桑英譯（博達那：自生智出版社，西元一九九五年；台灣：橡樹林出版社，西元二〇一一年）。

13. 《夏嘎巴自傳》（*The Life of Shabkar: The Autobiography of a Tibetan Yogin*），馬修・李卡德（Matthieu Ricard）英譯（紐約州綺色佳：雪獅出版社，西元二〇〇一年）。

授權說明

《獻曼達》《般若波羅蜜多心經》及《噶舉傳承祈請文》由那蘭陀翻譯委員會（Nalanda Translation Committee）於持明邱陽·創巴仁波切的指導下進行英譯，版權爲那蘭陀翻譯委員會所有（西元一九七六至一九八〇年），並經加拿大新斯科細亞省哈利法克斯市那蘭陀翻譯委員會授權使用。

〈契入大手印〉擷取自邱陽·創巴仁波切著作《自由的迷思》（*The Myth of Freedom and the Way of Meditation*，波士頓：香巴拉出版社，西元一九七六年），並已取得授權。

橡樹林文化 ❖❖ 善知識系列 ❖❖ 書目

JB0110	正覺之道・佛子行廣釋	根讓仁波切◎著	550 元
JB0111	中觀勝義諦	果煜法師◎著	500 元
JB0112	觀修藥師佛：祈請藥師佛，能解決你的困頓不安，感受身心療癒的奇蹟	堪千創古仁波切◎著	300 元
JB0113	與阿姜查共處的歲月	保羅・布里特◎著	300 元
JB0114	正念的四個練習	喜戒禪師◎著	300 元
JB0115	揭開身心的奧秘：阿毗達摩怎麼說？	善戒禪師◎著	420 元
JB0116	一行禪師講《阿彌陀經》	一行禪師◎著	260 元
JB0117	一生吉祥的三十八個祕訣	四明智廣◎著	350 元
JB0118	狂智	邱陽創巴仁波切◎著	380 元
JB0119	療癒身心的十種想——兼行「止禪」與「觀禪」的實用指引，醫治無明、洞見無常的妙方	德寶法師◎著	320 元
JB0120	覺醒的明光	堪祖蘇南給稱仁波切◎著	350 元
JB0121	大圓滿禪定休息論	大遍智　龍欽巴尊者◎著	320 元
JB0122X	正念的奇蹟	一行禪師◎著	300 元
JB0123	一行禪師　心如一畝田：唯識 50 頌	一行禪師◎著	360 元
JB0124X	一行禪師 你可以不生氣：佛陀的最佳情緒處方	一行禪師◎著	320 元
JB0125	三句擊要： 以三句口訣直指大圓滿見地、觀修與行持	巴珠仁波切◎著	300 元
JB0126	六妙門：禪修入門與進階	果煜法師◎著	400 元
JB0127	生死的幻覺	白瑪格桑仁波切◎著	380 元
JB0129	禪修心經——萬物顯現，卻不真實存在	堪祖蘇南給稱仁波切◎著	350 元
JB0130	頂果欽哲法王：《上師相應法》	頂果欽哲法王◎著	320 元
JB0131	大手印之心：噶舉傳承上師心要教授	堪千創古仁切波◎著	500 元
JB0132	平心靜氣：達賴喇嘛講《入菩薩行論》〈安忍品〉	達賴喇嘛◎著	380 元
JB0133	念住內觀：以直觀智解脫心	班迪達尊者◎著	380 元
JB0134	除障積福最強大之法——山淨煙供	堪祖蘇南給稱仁波切◎著	350 元
JB0135	撥雲見月：禪修與祖師悟道故事	釋悟因◎著	350 元
JB0136	醫者慈悲心：對醫護者的佛法指引	確吉・尼瑪仁波切 大衛・施林醫生◎著	350 元

JB0137	中陰指引──修習四中陰法教的訣竅	確吉・尼瑪仁波切◎著	350 元
JB0138X	佛法的喜悅之道	確吉・尼瑪仁波切◎著	350 元
JB0139	當下了然智慧：無分別智禪修指南	確吉・尼瑪仁波切◎著	360 元
JB0140	生命的實相──以四法印契入金剛乘的本覺修持	確吉・尼瑪仁波切◎著	360 元
JB0141	邱陽創巴仁波切 當野馬遇見馴師：修心與慈觀	邱陽創巴仁波切◎著	350 元
JB0142	在家居士修行之道──印光大師教言選講	四明智廣◎著	320 元
JB0143	光在，心自在 〈普門品〉陪您優雅穿渡生命窄門	釋悟因◎著	350 元
JB0144	剎那成佛口訣──三句擊要	堪祖蘇南給稱仁波切◎著	450 元
JB0145	進入香巴拉之門──時輪金剛與覺囊傳承	堪祖嘉培珞珠仁波切◎著	450 元
JB0146	（藏譯中）菩提道次第廣論： 抉擇空性見與止觀雙運篇	宗喀巴大師◎著	800 元
JB0147	業力覺醒：揪出我執和自我中心， 擺脫輪迴束縛的根源	圖丹・卻准◎著	420 元
JB0148	心經──超越的智慧	密格瑪策天喇嘛◎著	380 元
JB0149	一行禪師講《心經》	一行禪師◎著	320 元
JB0150	寂靜之聲──知念就是你的皈依	阿姜蘇美多◎著	500 元
JB0151	我真正的家，就在當下── 一行禪師的生命故事與教導	一行禪師◎著	360 元
JB0152	達賴喇嘛講三主要道── 宗喀巴大師的精華教授	達賴喇嘛◎著	360 元
JB0153	輪迴可有道理？── 五十三篇菩提比丘的佛法教導	菩提比丘◎著	600 元
JB0154	一行禪師講《入出息念經》： 一呼一吸間，回到當下的自己	一行禪師◎著	350 元
JB0155	我心教言──敦珠法王的智慧心語	敦珠仁波切◎著	380 元
JB0156	朗然明性： 藏傳佛教大手印及大圓滿教法選集	蓮花生大士、伊喜・措嘉、 龍欽巴、密勒日巴、祖古・ 烏金仁波切等大師◎著	400 元
JB0157	跟著菩薩發願：〈普賢行願品〉淺釋	鄔金智美堪布◎著	400 元
JB0158	一行禪師　佛雨灑下── 禪修《八大人覺經》《吉祥經》 《蛇喻經》《中道因緣經》	一行禪師◎著	380 元

橡樹林文化 ❖❖ 蓮師文集系列 ❖❖ 書目

JA0001	空行法教	伊喜・措嘉佛母輯錄付藏	260 元
JA0002	蓮師傳	伊喜・措嘉記錄撰寫	380 元
JA0003	蓮師心要建言	艾瑞克・貝瑪・昆桑◎藏譯英	350 元
JA0005	松嶺寶藏	蓮花生大士◎著	330 元
JA0006	自然解脫	蓮花生大士◎著	400 元
JA0008S	智慧之光一、二	根本文◎蓮花生大士 釋論◎蔣貢・康楚	799 元
JA0009	障礙遍除：蓮師心要修持	蓮花生大士◎著	450 元
JA0010	呼喚蓮花生： 祈求即滿願之蓮師祈請文集	卻札蔣措◎著	550 元

橡樹林文化 ❖❖ 朝聖系列 ❖❖ 書目

JK0001	五台山與大圓滿：文殊道場朝聖指南	菩提洲◎著	500 元
JK0002	蓮師在西藏：大藏區蓮師聖地巡禮	邱常梵◎著	700 元
JK0003	觀音在西藏：遇見世間最美麗的佛菩薩	邱常梵◎著	700 元
JK0004	朝聖尼泊爾：走入蓮師祕境努日	郭怡青◎著	450 元
JK0005	蓮師在西藏 2：大藏區蓮師聖地巡禮	邱常梵◎著	750 元
JK0006	走過蓮師三大隱密聖境： 尼泊爾・基摩礱／錫金・哲孟雄／西藏・貝瑪貴	邱常梵◎著	720 元

橡樹林文化 ❖❖ 圖解佛學系列 ❖❖ 書目

JL0001	圖解西藏生死書	張宏實◎著	420 元
JL0002X	圖解佛教八識	洪朝吉◎著	300 元

橡樹林文化 ❖❖ 成就者傳紀系列 ❖❖ 書目

JS0001	慈璦巴傳	堪千創古仁波切◎著	260 元
JS0002	曼達拉娃佛母傳	喇嘛卻南、桑傑・康卓◎英譯	350 元
JS0003	伊喜・措嘉佛母傳	嘉華・蔣秋、南開・寧波◎伏藏書錄	400 元
JS0004	無畏金剛智光： 怙主敦珠仁波切的生平與傳奇	堪布才旺・董嘉仁波切◎著	400 元
JS0006	帝洛巴傳	堪千創古仁波切◎著	260 元
JS0007	南懷瑾的最後 100 天	王國平◎著	380 元
JS0008	偉大的不丹傳奇・五大伏藏王之一 貝瑪林巴之生平與伏藏教法	貝瑪林巴◎取藏	450 元
JS0009	噶舉三祖師：馬爾巴傳	堪千創古仁波切◎著	300 元
JS0010	噶舉三祖師：密勒日巴傳	堪千創古仁波切◎著	280 元
JS0011	噶舉三祖師：岡波巴傳	堪千創古仁波切◎著	280 元
JS0012	法界遍智全知法王——龍欽巴傳	蔣巴・麥堪哲・史都爾◎著	380 元
JS0013	藏傳佛法最受歡迎的聖者—— 瘋聖竹巴袞列傳奇生平與道歌	格西札浦根敦仁欽◎藏文彙編	380 元
JS0014X	大成就者傳奇： 54 位密續大師的悟道故事	凱斯・道曼◎英譯	500 元
JS0015	證悟的流浪者—— 巴楚仁波切之生平與言教	馬修・李卡德◎英譯	580 元
JS0018S	我的淨土到了——多芒揚唐仁波切傳	卻札蔣措◎著	1200 元
JS0019	大伏藏師——秋吉林巴行傳	蓮花生大士、秋吉林巴、 蔣揚欽哲旺波、蔣貢康楚羅卓泰耶、 烏金督佳仁波切、帕秋仁波切◎著	650 元
JS0020	歪瓜：一代禪師鈴木俊隆的平凡與不凡	大衛・查德威克◎著	760 元

善知識系列　JB0161

證悟瑰寶：佛陀與成就大師們的智慧教言

Jewels of Enlightenment : Wisdom Teachings from the Great Tibetan Masters

英譯與彙編　艾瑞克．貝瑪．昆桑（Erik Pema Kunsang）
中文譯者　普賢法譯小組
編輯　徐煖宜
封面設計　周家瑤
內頁排版　歐陽碧智
業務　顏宏紋
印刷　中原造像股份有限公司

發行人　何飛鵬
事業群總經理　謝至平
總編輯　張嘉芳
出版　橡樹林文化
115 台北市南港區昆陽街 16 號 4 樓
電話：886-2-2500-0888 #2737　傳眞：886-2-2500-1951
發行　英屬蓋曼群島商家庭傳媒股份有限公司城邦分公司
115 台北市南港區昆陽街 16 號 8 樓
客服專線：02-2500-7718；02-2500-7719
24 小時傳眞專線：02-25001990；02-25001991
服務時間：週一至週五上午 09:30-12:00；下午 13:30-17:00
劃撥帳號：19863813　戶名：書虫股份有限公司
讀者服務信箱：service@readingclub.com.tw
城邦網址：http://www.cite.com.tw
香港發行所　城邦（香港）出版集團有限公司
香港九龍土瓜灣土瓜灣道 86 號順聯工業大廈 6 樓 A 室
電話：852-25086231　傳眞：852-25789337
電子信箱：hkcite@biznetvigator.com
馬新發行所　城邦（馬新）出版集團
Cité（M）Sdn. Bhd.（458372U）
41, Jalan Radin Anum, Bandar Baru Seri Petaling,
57000 Kuala Lumpur, Malaysia.
電話：+6(03)-90563833　傳眞：+6(03)-90576622
電子信箱：services@cite.my

一版一刷：2024 年 5 月
ISBN：978-626-7449-06-6（紙本書）
ISBN：978-626-7449-05-9（EPUB）
售價：500 元

國家圖書館出版品預行編目（CIP）資料

證悟瑰寶：佛陀與成就大師們的智慧教言 / 艾瑞克．貝瑪．昆桑（Erik Pema Kunsang）彙編；普賢法譯小組譯．-- 初版．-- 臺北市：橡樹林文化，城邦文化事業股份有限公司出版：英屬蓋曼群島商家庭傳媒股份有限公司城邦分公司發行，2024.05
面；　公分．--（善知識；JB0161）
譯自：Jewels of Enlightenment : Wisdom Teachings from the Great Tibetan Masters
ISBN 978-626-7449-06-6（平裝）

1.CST: 藏傳佛教　2.CST: 佛教修持

226.965　　113002596

處理佛書的方式

佛書內含佛陀的法教，能令我們免於投生惡道，並且爲我們指出解脫之道。因此，我們應當對佛書恭敬，不將它放置於地上、座位或是走道上，也不應跨過。搬運佛書時，要妥善地包好、保護好。放置佛書時，應放在乾淨的高處，與其他一般的物品區分開來。

若是需要處理掉不用的佛書，就必須小心謹愼地將它們燒掉，而不是丟棄在垃圾堆當中。焚燒佛書前，最好先唸一段祈願文或是咒語，例如唵（OM）、啊（AH）、吽（HUNG），然後觀想被焚燒的佛書中的文字融入「啊」字，接著「啊」字融入你自身，之後才開始焚燒。

這些處理方式也同樣適用於佛教藝術品，以及其他宗教教法的文字記錄與藝術品。

ཡི་གེ་ཉི་ཤུ་རྩ་དྲུག་པ་འདི་དཔེ་ཆའི་ནང་དུ་བཞག་ན་དཔེ་ཆ་དེ་ཅི་འདྲར་
བགོམས་ཀྱང་ཉེས་པ་མི་འབྱུང་བར་འཇམ་དཔལ་རྩ་རྒྱུད་ལས་གསུངས་སོ། །

此咒置經書中　可滅誤跨之罪

填寫本書線上回函